九堂课读懂名著

乡土中国

在乡土中读懂中国

连中国　主编

海豚出版社
DOLPHIN BOOKS
CICG 中国国际传播集团

图书在版编目（CIP）数据

乡土中国：在乡土中读懂中国 / 连中国主编. --
北京：海豚出版社，2025. 4. --（九堂课读懂名著）.
ISBN 978-7-5110-7401-0

Ⅰ . G634.333

中国国家版本馆 CIP 数据核字第 20254P3C91 号

九堂课读懂名著
乡土中国·在乡土中读懂中国
连中国　主编

出 版 人	王　磊
责任编辑	肖莹莹
封面设计	肖　勇
责任印制	于浩杰　蔡　丽
法律顾问	北京市君泽君律师事务所　马慧娟　刘爱珍

出　　版	海豚出版社
地　　址	北京市西城区百万庄大街24号　　邮　编　100037
电　　话	（010）68325006（销售）　（010）68996147（总编室）
传　　真	（010）68996147
印　　刷	小森印刷（北京）有限公司
经　　销	新华书店及各大网络书店
开　　本	16开（710毫米×1000毫米）
印　　张	10
字　　数	100千
版　　次	2025年4月第1版 2025年4月第1次印刷
标准书号	ISBN 978-7-5110-7401-0
定　　价	38.00元

版权所有　侵权必究

序言

为"人"而读，因"分"成长

连中国

清晨，瀑流般的阳光自高远的天庭跌落，珠光万点，泼洒迸溅。一个个孩子步入校门，道别，叮嘱，离开，步入……这已经升华为一种仪式，直到孩子在校园中渐行渐远，潮水平息。我想这是青少年时代最富哲学与生命意味的一幅画面。关于教育的一切都该从人出发，一切都应该回归于人。

人阅读的意义有很多，但从教育的角度思考，核心的一个意义便是——呵护人，培育人。人应该因为遇到了一本书，而有所"诞生"。因为"诞生"而获得一种重要的发展。人的发展是教育中的硬道理。

一、整本书阅读的现状与困境

统编版语文教材对初高中整本书阅读都做了必要的推介与要求，整本书阅读也在全国呈现出方兴未艾之势。但是在此过程中，功利化、应试化、概念化的倾向也比较明显。家长、教师都希望孩子通过提高阅读能力在考试中多得分，这固然没有错，但其中有两个重要的事实却常常为我们所忽视：其一，人不发展，如何得分？其二，人不能充分发展，要分又有何用？

今天，一提到阅读，很多人在学生还没有得到充分发展的时候，就习惯于马上想到考试与分数，这样一种思维方式普遍流行于教学中。我常常关注整本书阅读教学设计，很多时候，在看似缜密的、逻辑化的教学设计当中，竟然找不到读者（师、生）真切阅读的任何细节。这是不符合阅读规律的。真切有效、富有启发性的阅读细节是读者得以成长的"泥土"。

以我自己对学生的培养状况来看，优秀的考生可以给出考试所需要的东西，而一张试卷又绝不能限定他们的所获所得，面对试题他们灵活地做了取舍与裁定。随着语文教育改革不断深入，我们的语文考试策略也已经开始向提升人的整体素质方面转变。

二、我的核心阅读观：为人而读

人处在青春年华的时候，一切都是敏锐而澎湃的，对外在的信息具有吸纳力与思考力。将一个活泼的、有创造力、有生机、有活力、新鲜爽朗的"人"真切地招引呼唤出来，这是阅读之于人的重要意义。

卡尔维诺说："经典作品是这样一些书，我们越是道听途说，以为我们懂了，当我们实际读它们，我们就越是觉得它们独特、意想不到和新颖。"一个孤立而单薄的"个人"因为遇到了一本书，他得以步入了一个更为开阔与宏大的"场"，正是这个"场"帮助他更清晰地看到他的处境与处境中的那个自己；在与这个"场"的交汇与触碰中，他的内部世界得以充分地拓展与发育，自觉与内省。他开始突破"当前"，向更广远、深邃的部分出发、触探。书因为人而被拓展了，也走远了，人因为书有了更辽阔的支撑与更深广的眺望，人与书逐渐确立了一种"个人关系"。这样一种"个人关系"对于学生的成长具有深远重要的意义。

因此，整本书阅读的核心策略，首先应该契合阅读内在而重要的规律，这个规律应该是"立人"的。再者，它应该是简捷高效的，如若阅读策略本身臃肿、死板，而且似是而非，我想这对于现在学生的阅读是大有损伤的。

三、改进与突破：九堂课为阅读领航

阅读是复杂的心智活动，搅得起还需拢得住。在学生培养阅读习惯的重要阶段，如果没有教师适时地参与，仅靠学生在阅读过程中自然获得，相当多的学生会有读"跑"了的可能，再加之现实课业压力的逼迫与侵占，读完、读懂、读透整本书成了遥不可及的目标。

整本书阅读强调以学生自读为主，师生共读为辅。如何让整本书阅读既切中于人内在、全面、深入的真实发展，又能有效推动学生提高成绩，亦要深度契合阅读内在的规律？我想，师生可以核心把握"三个维度"和"六个方面"。这套书用九堂课对它们进行了逐一讲解。

（一）有关"三个维度"

首先，推动整本书阅读应该把握三个维度：怎么读、读什么、读出什么，即师生在"怎么读"的整体规划中，把握整本书阅读的内在节奏，详略得当、多侧面地把握"读什么"，同时注重阅读中的生命体验，努力追求"读出什么"。

1. 怎么读

"怎么读"即整本书阅读推进的步骤与策略。整本书阅读需要我们找到打开全书核心价值与灵魂的那个"法门"。本书在第一堂课中，启发学生自我构建，找到打开整本书的"法门"，教师亦提出主张供读者借鉴。

2. 读什么

整本书阅读容量大，篇幅长，如若在具体内容上不分详略、不论侧重、不讲精粗，一味读下去，阅读的效果会大打折扣。不少学生读了前面忘记后面，还有的学生难以发现其中的价值与趣味，阅读变成了枯燥乏味的"完成"。第二堂课"读什么"，对全书精要内容进行择选，指出紧要关节处和牵一发而动全身之处，并针对关键点开展必要指导，以此来突出重点，解决难点，区分详略，勾连前后，深化内容，逼近主旨，进而取得更为良好的阅读效果。

3. 读出什么

阅读是作品、作家与读者的一次生命相遇。因此，第三堂课"读出什么"，在理解原著的基础上强调兴味与智慧，强调阅读中的"遭遇"与创造力，强调读者内在的积累与个性，是读者（师生）优质阅读个性非常重要的展现。这堂课重点展现读者观点的交锋、思维的碰撞，展现作品的深沉与宏大。

（二）有关"六个方面"

在解决"怎么读""读什么"和"读出什么"的过程中，有一些阻碍阅读的问题也不容忽视，比如，缺乏阅读兴趣，感觉书中内容与己无干，或者找不到适合自己的读书方法，等等。为此，我总结出整本书阅读中至关重要的六个方面。

1. 读书兴味

在阅读的意义与价值里，产生读书的兴味是十分重要的，它会给阅读者带来愉悦舒畅的读书体验。读书的兴味可以在学生自读、勤读、多读中产生，也可以由师生的阅读对话来引导和触发。第四堂课，教师抛出众多好玩、引人深思的话题，带领学生领略名著精妙独特之处，感受体悟原本一个个普通无奇的文字一旦融入心之大海、一旦步入思之高峰之后的雄奇斑斓与无限高耸。

2. 读书方法

读书方法并不像交付一样东西那样是可以直接传递的，它是在交流、思考、运用中获得的。第五堂课，教师将结合具体作品向学生介绍名家的读书方法以及教师总结的读书方法，更重要的是帮助学生诞生行之有效、契合自身特点的读书方法。

3. 反复关联

读书若不能切己关联，将自我的生命投入在作品深处，即便阅读再伟大的作品，也有可能只是一种泛泛的消遣。第六堂课，教师将引导学生在不同的时段、不同的资料背景下，调动自己内在的积累，反复读，反复与自身关联，让作品不断地与自身发生内在作用，推进自己的体验与思考，读出经典作品的时代意蕴。

4. 逼近作品

伴随着阅读的深入，作家的经历与情感成为读者关注的重要因素。第七堂课，教师将启迪读者在文字的波海中，读出作家的生命特质与生命起伏。这是一种对作品、对作家的逼近。

5. 宏微关照

阅读名著，如果没有对局部（细节、语言）的真切体验，对整体的感受与理解一定难脱窠臼。宏微之间必须要有内在的照应，相互佐证。第八堂课试图从宏观叩问主题，从微观感受局部，发现其内在关联。

6. 资源整合

最后一堂课，将整本书阅读与课内外学习资源进行适度整合，并列举一些考试题目供学生参考，既能减轻学生的负担，也对阅读本身起到了很有益的推动促进作用。

由"三个维度"和"六个方面"组成的九堂课共同构建起一个整本书阅读的经纬交织的"火力网"，以便达到简捷高效、有助于人的功效。

四、期待与可能

我们邀请来自全国各地的160余位教师共同编著这部《九堂课读懂名著》丛书，旨在展现如何通过把握"三个维度"和"六个方面"推进整本书阅读，分享教师们富有启发性的阅读路径和真实细节，希望对读者朋友们有所帮助。

这套书的核心追求可以概括为：为"人"而读，因"分"成长，简捷精要，纲举目张，省时高效，提挈核心。在关注人真切成长的过程中，助力学生提高成绩；以最节约的时间，将阅读落实到每一个期待成长的生命里。

因丛书囊括的名著部头大、解析难度高，且撰写时正值疫情期间，主创团队缺少面对面交流的机会，限于种种条件，肯定会有不尽如人意之处，在此恳请读者朋友们批评指正，也感谢大家的包容与谅解。

感谢海豚出版社的编辑朋友们，他们认真踏实的工作作风，为丛书增色不少。

丛书主编 连中国

本册主编 南海涛

编著成员（以篇目先后为序）

　　　　　南海涛　吴　恩　郭慧明

　　　　　邵世民　杨谷怀　高笑旭

　　　　　王丹阳

核心内容介绍

《乡土中国》是一部研究中国农村的社会学著作，首次出版于 1948 年。全书共十四章，作者费孝通先生用平易、简洁的语言从差序格局、男女有别、家族、血缘和地缘等方面探讨了中国乡土社会的特点。

阅读一本学术类著作，并不是一件轻松的事情，本书像一位温和耐心的老师，带领我们循序渐进地读懂《乡土中国》：先启发我们确立正确的阅读理念，做主动的阅读者；再引领我们循着"读什么—读出什么—读书兴味—读书方法"的路径展开阅读，从提要钩玄到领会价值，从读出个性到读有其法，阅读渐次深入；随后，阅读进入新境界，在反复关联中思辨内容，在逼近作品中溯源探流，在宏微关照中品赏特色，在观点交锋中提升能力，使阅读臻于佳境。本书将带我们一窥堂奥，领略此书宏赡深广的思想、文化、审美、语言价值，体验拓展知识边界、深刻洞察的乐趣，感受一代中国知识分子的风范与情怀，发现此书历久弥新的生命力与恒久的魅力。

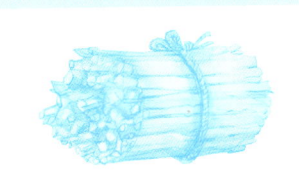

《乡土中国》各章节内容关系图

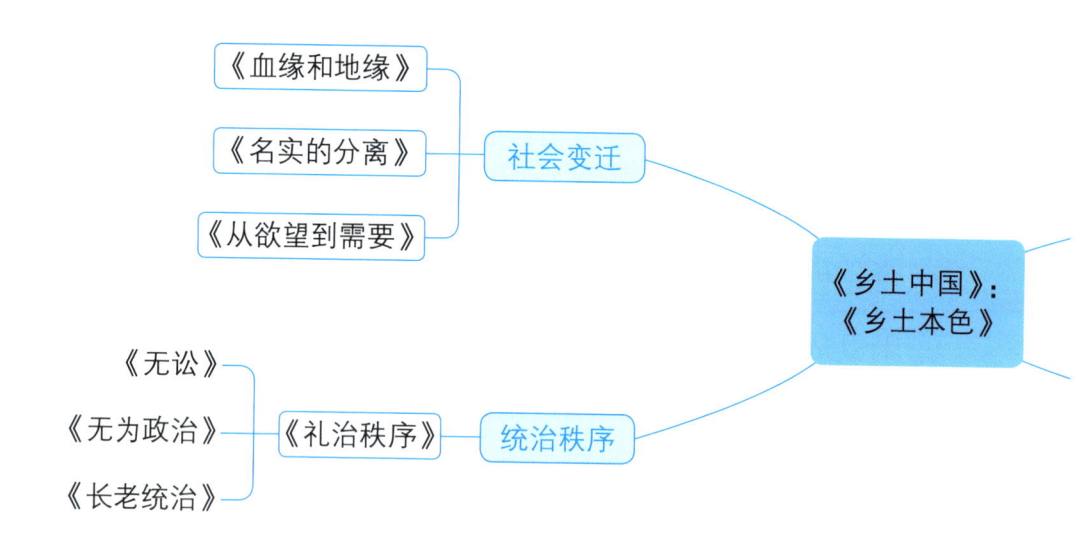

- 《血缘和地缘》
- 《名实的分离》 → 社会变迁
- 《从欲望到需要》

- 《无讼》
- 《无为政治》 → 《礼治秩序》 → 统治秩序
- 《长老统治》

→ 《乡土中国》：《乡土本色》

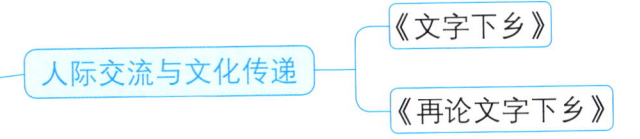

- 人际交流与文化传递
  - 《文字下乡》
  - 《再论文字下乡》

- 社会结构 — 《差序格局》
  - 《系维着私人的道德》
  - 《家族》—《男女有别》

"九堂课读懂名著"实施路径

三个维度：纲举目张，提挈核心

第一课：怎么读
规划整本书阅读策略与步骤，找到打开全书核心价值与灵魂的"法门"。

第二课：读什么
择选全书精要，以简驭繁，突出重点，解决难点，区分详略，勾连前后，逼近主旨。

第三课：读出什么
呈现个性化的优质阅读成果，读出观点交锋、思维碰撞、作品的深沉与宏大。

六个方面：简捷高效，有助于"人"

第四课：读书兴味
品鉴作品艺术特色及思想内涵，多角度触发阅读兴味，带来愉悦舒畅的阅读体验。

第五课：读书方法
吸收借鉴名家、教师的读书方法，形成契合自身特点的行之有效的读书方法。

第六课：反复关联
反复读，反复与自身关联，让作品不断地与自身发生作用，促进生命的拓展与发育、自觉与内省。

第七课：逼近作品
从字里行间看见作品背后的"人"，读出作家的生命特质与生命起伏。

第八课：宏微关照
宏观叩问主题，把握整体，微观感受局部（细节、语言），加以佐证，发现宏微之间的内在关联。

第九课：资源整合
整合课内外学习资源，高效推动整本书阅读；精选考题举一反三，助力提高语文成绩。

目录

怎么读 — 追求意义的阅读 · 001

  主动的阅读   002
  层递式阅读   005

读什么 — 以简驭繁识渊奥 · 015

  提要钩玄   016
  剖析入微   027

读出什么 — 文化自觉育新人 · 037

  文化价值：理解与传承，发现与创造   038
  思想价值：学会思辨，拓展边界   045
  情感价值：提升素养，滋养心灵   049

读书兴味

思随文动相映发·053

苦人何必为难苦人——从《乡土中国》看《孔乙己》　054
必也使无讼乎——从《无讼》看孔乙己挨打　062

读书方法

寻径探津得三昧·069

关注序言，确定重点与方向　070
提纲挈领，梳理内容与脉络　074
探究拓展，思辨价值与歧见　077

反复关联

切己体察思在我·081

家国之思　082
伸缩之辨　087

寻绎渊源逐流风 · 091

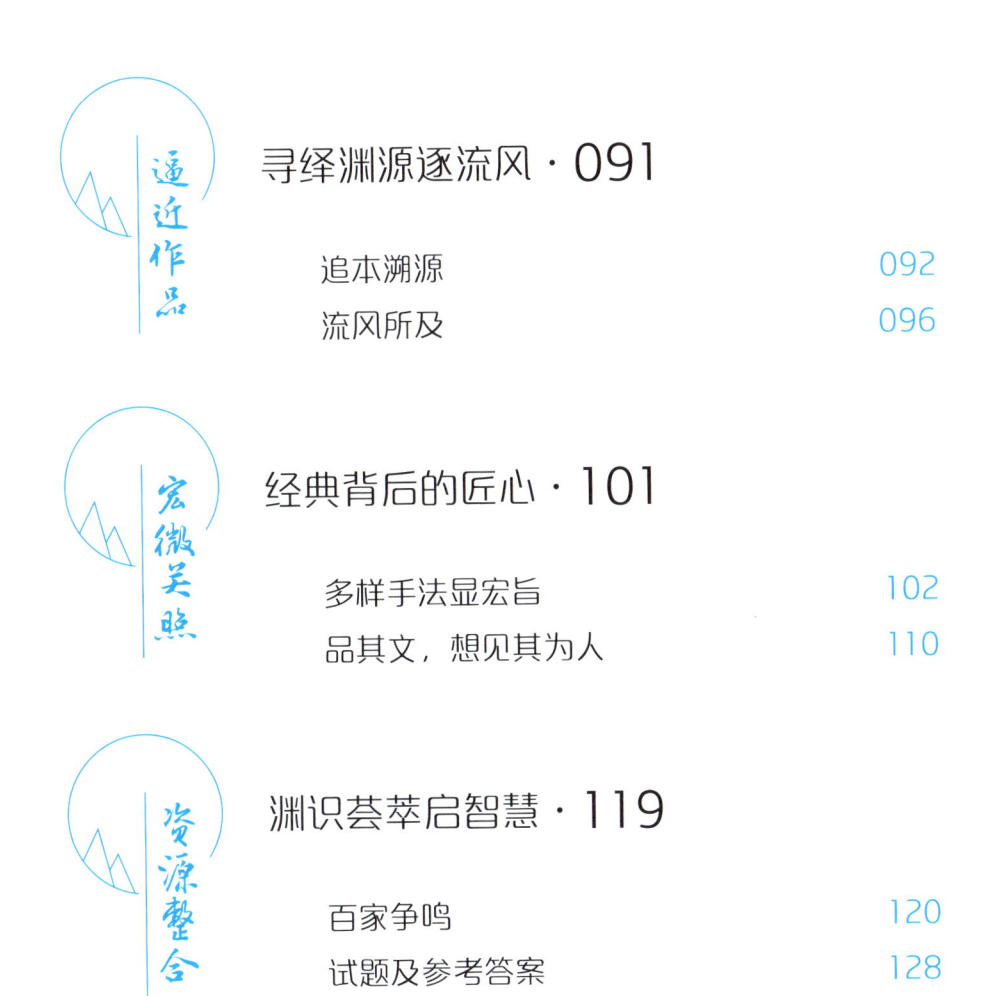

遁近作品

追本溯源　　　　　　　　　　　　092
流风所及　　　　　　　　　　　　096

经典背后的匠心 · 101

宏微关照

多样手法显宏旨　　　　　　　　　102
品其文，想见其为人　　　　　　　110

渊识荟萃启智慧 · 119

资源整合

百家争鸣　　　　　　　　　　　　120
试题及参考答案　　　　　　　　　128

追求意义的阅读

阅读不仅是语义解码，更是依据特定目的与情境运用文本信息，对文本进行反思与评价的过程。《如何阅读一本书》强调，真正有价值的阅读应当是一种"主动的阅读"，通过初步通读、理解整合、思辨应用三个层次，最终达到学以致用的目标，这才是意义建构的归宿。本章将带领读者从这三个层次上解读《乡土中国》。

主动的阅读

在阅读《乡土中国》之前,需要确立正确的阅读理念,即做主动的阅读者。何为主动的阅读?要解答这个问题,首先要讨论何为阅读。关于阅读,在中外学者给出的林林总总的定义中,最值得关注的有下面几个:

阅读是人类从书写文字中获取语言信息,并据以建构意义的历程及行为。

阅读是对书面文本的理解、运用、反思并积极参与阅读活动的过程,以增进知识,发挥潜能,参与社会,实现个人的目标。

(阅读是)对书面文字、图画、表格以及电子语言材料组成的文本进行解码,并整合、推论、评价信息,提出新想法;积极参与相关活动,与师生、家人、社会人士交流,体验阅读的乐趣;积极反思,运用阅读所得信息解决现实问题。

可以发现,不同研究者的定义不尽相同,但对阅读这一

心智活动核心特质的认识是清晰的。研究者都认为阅读不仅是语义解码，更是依据特定目的与情境运用文本信息，对文本进行反思与评价的过程。换言之，阅读是与现实需求关系密切、具有很强主动性的复杂综合的心智活动，阅读的主动性特征是共识。

二十世纪四十年代初版的《如何阅读一本书》的两位作者指出，真正有价值的阅读应当是一种"主动的阅读"。他们认为：根据阅读目标的不同，阅读可以分为"为获得资讯而读"和"为求得理解而读"两类，而二者之间的差异"不能以道里计"。"为获得资讯而读"只能使阅读者增加资讯，却不能增进理解力；"为求得理解而读"则是指阅读那些比自身水平高一截、能增进理解力的读物，是"主动的阅读"。他们将这种"主动的阅读"称为"阅读的艺术"。"主动的阅读"具体分为四个层次：基础阅读，检视阅读，分析阅读，主题阅读。四个层次的阅读循序渐进，相互关联，促使读者实现学习、提升能力的目标。现在看来，这样的阅读理念具有超越时代的影响力，体现了作者非凡的智慧，也为我们讨论《乡土中国》的整本书阅读提供了重要启示。

温儒敏教授关于如何阅读《乡土中国》的论述与此有异曲同工之妙。他在《年轻时有意识读些"深"一点的书——

费孝通〈乡土中国〉导读》一文中指出:"经典阅读总会有困难,却又是充满乐趣的。读书不能就易避难,不要总是读自己喜欢的、浅易的、流行的读物,在低水平圈子里打转。年轻时有意识让自己读一些'深'一点的书,读一些可能超过自己能力的经典,是一种挑战。应当激发自信,追求卓越,知难而上。"

主动追求理解与意义,积极反思,力求触及作品灵魂,这才是一个成熟的读者面对《乡土中国》这样经典的学术类著作时所应葆有的阅读状态。

层递式阅读

《乡土中国》这样一部学术著作，对读者的阅读能力有比较高的要求。一位成熟的阅读者，会怎样展开《乡土中国》的阅读呢？前文所述"主动的阅读"的四个层次，已经勾勒出基本路径。考虑到《乡土中国》这部作品的具体特点，可以对四个层次略加整合，遵循"初步通读—理解整合—思辨应用"的顺序进行层递式阅读。

初步通读

《乡土中国》常见版本都会收入作者所写的《旧著〈乡土中国〉重刊序言》（以下简称《重刊序言》）和《后记》。阅读这两篇文章，能够为阅读全书打下良好的基础。比如阅读《重刊序言》，可以了解全书阐述的基本问题（作为中国基层社会的乡土社会究竟是个什么样的社会）和研究目的，把握作者的研究理念——锚定问题、提炼概念、核实概念、减少误差，从而建构阅读全书的基本流程。阅读《后记》，可了解成书背景、研究历程、社会学发展历程和研究路线，以及作者"志在富民"的学术追求，收获丰富的思考与教益。

> **文学小窗**
>
> 　　序言又称"序"，也叫作"前言""引言"，为写在正文之前的文章，内容多介绍图书的写作背景、缘起、过程、结构、特色，及在所属领域的地位、分量、意义等，或说明图书出版旨意、编次体例、作者的成就等。常见的有作者序、非作者序和译者序等。
>
> 　　后记是指写在书籍或文章正文后的文字，内容比较灵活，多用以说明写作经过，评价书籍内容，表达感谢等，又称"跋"或"书后"。唐代韩愈作的《科斗书后记》文章名中便有"后记"一词。
>
> 　　序言与后记合称"序跋文"。序跋大多为学者、名家精心结撰之作，多具有丰厚的文化内涵和较高的学术价值。序跋是读者开启书中精彩世界大门的钥匙，也是读者窥见作品背后广阔天地的窗口。

有了阅读《重刊序言》《后记》的基础，就可以有计划地通读全书了。可以先浏览目录，了解全书关键概念，并根据

各章标题推测一下作者的观点，各章之间的关系，全书讨论的基本问题的答案。这样有助于读者产生阅读期待，更主动地阅读全书。也可以主动将《乡土中国》的阅读与生活现象建立关联，提出自己的问题，比如：在书中和现实生活中，"土气"的含义是否相同？作者指出乡土社会的格局是差序格局，当代中国的社会格局是什么样的呢？总之，要始终将头脑与情感投入阅读过程，进行"主动的阅读"。

有追求的读者还可以为自己制订初读计划，根据目录与各章篇幅长短，规划自己的阅读内容、时间。随后再以浏览的方式通读全书，圈画或提炼各章重要概念、主要观点及体现各章节关系的语句，写下初读感想及疑惑。这样的初读更加理性扎实，有助于后续精读的顺利进行。

理解整合

对于学术著作来说，大致浏览是远远不够的，初步通读之后的理解与整合才是建构意义的关键阶段。

"理解"是指深入了解关键概念与主要观点。对于本书来说，要达成这样的理解，离不开对比辨析概念、绘制思维导图、撰写内容提要这三种方法。在《后记》中，费孝通先生指明《乡土中国》"属于社区分析第二步的比较研究的范围"，因此全书始终在城乡、中西、传统与现代的对比中分析中国乡土社会，这就要求读者阅读时注意辨析相关概念，以得到准确理解。《乡土中国》的另一重要特点是"行文注重学理推导的'流块建构'……这种行文方式往往将观点隐藏在推导过程中"[1]，绘制思维导图、撰写内容提要因此成为读者理清论述思路的重要策略。

比如，《乡土本色》一章带有总论性质，精读此章，能够以点及面，深入理解全书内容与论述框架。读者可以绘制此章思维导图，梳理文中多个概念之间的关系，体验作者层层推演、渐次深入、最终提出主要观点的逻辑思路；可以撰写全文内容提要，以便更精准深入地理解全文论述过程；还可以在思维导图基础上，对照全书目录，梳理第一章与其他章节的对应关系，理解本章的总论特点。下图为《乡土本色》结构图示例（序号指文中的自然段）：

---

1. 屈伟忠. 读通《乡土中国》的三个层级：理解、思辨、应用——以高中语文统编教材必修上册第五单元为例[J]. 基础教育课程，2020，(22)：38.

```
                    乡土本色
                   ↙      ↘
              土气            聚居
         (2)(3)(4)(5)(6)   (7)(8)(9)(10)
                   ↘      ↙
                    熟悉
              ↙      ↓      ↘
           人与人    人与法    人与物
          (12)(13) (14)(15)   (16)
              ↘      ↓      ↙
                    土气
```

《乡土本色》结构图[1]

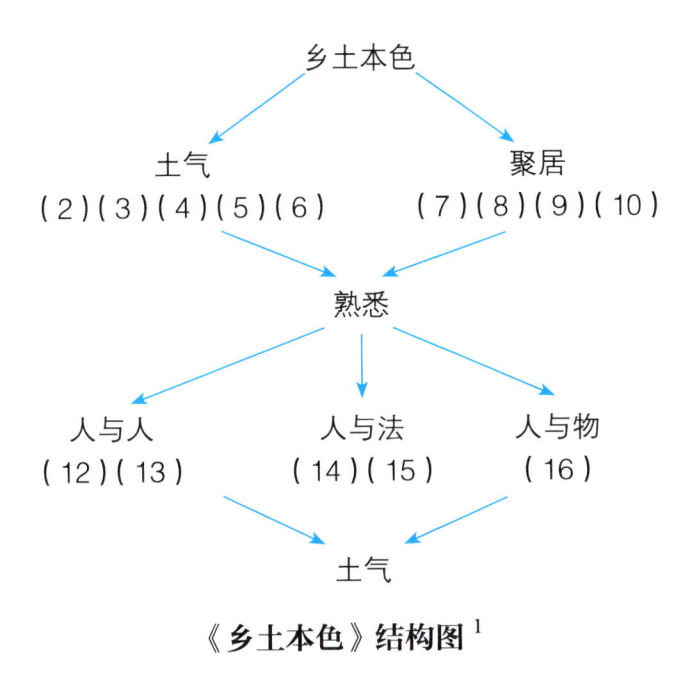

当然，积极建构意义的读者不会止步于思维导图，还会尝试用文字转化图示内容，更清晰地提炼出作者的逻辑思路。比如可以这样提炼：《乡土中国》的核心是"乡土社会"，这种社会赖以建立的伦理基础是"差序格局"，在此之上建立的治理形态是"无为政治"，权力格局是"长老统治"，呈现出来的文化观念则是"血缘至上"与"欲望本位"。

要达成有效理解，读者还需要将精读与略读、浏览结合起来。可以根据概念的重要性、章节关系、文本难度、阅读

---
1. 南银妮.《乡土中国》"整本书阅读与研讨"的教学及思考[J].中学语文，2018，(28)：48.

兴趣等，聚焦重点章节进行精读，如《乡土本色》《差序格局》《礼治秩序》等；也可以将几章分为一组进行精读，如《文字下乡》与《再论文字下乡》为一组，《差序格局》与《系维着私人的道德》《家族》《男女有别》为一组，《礼治秩序》《无讼》《无为政治》《长老统治》为一组，《血缘和地缘》与《名实的分离》《从欲望到需要》为一组。

积极联系生活体验、阅读体验建构意义，也是达成理解的必要策略。作者在《重刊序言》中明确说到自己的研究方法是"从具体社会里提炼出"概念，作为"认识事物的工具"。因此，读者很有必要在阅读中联系、对比社会现象，以激活思维，深化理解。例如，可以边读边思考：生活中还有哪些现象体现了差序格局？鲁迅小说中，孔乙己被丁举人打折了腿为什么没有人干涉？夏三爷告发夏瑜的行为是为"公"还是为"私"？

"整合"是指整合梳理全书逻辑思路。读者在读完整本书之后，理清全书逻辑框架，以精练的语言完整地回答"作为中国基层社会的乡土社会究竟是个什么样的社会"这一基本问题，加深对中国乡土社会特具的社会结构、传统文化的理解。在此基础上，还可以回顾阅读历程，总结阅读学术类著作的重要经验，建构起以"概念、观点、逻辑框架"为基本要素的学术类著作的阅读方法，提升理性思维能力。

思辨应用

对于真正追求意义的读者来说，仅仅停留在书本内部、文字层面的阅读，显然是不够的。理解整合之后走向更大范围的深度思辨，学以致用，才是意义建构的归宿。

费孝通在《重刊序言》中强调"所讲的观点完全是讨论性的"，"算不得是定稿"，作者拥有这样开放坦诚的学术态度，所期待的一定不是一味被动接受、全无自主思考的读者，而是有尊严的、善于质疑思辨的读者。

进行深度思辨，可以比较阅读相关论文、论著，尤其是观点相异的论文、论著，以辨析思考《乡土中国》中的观点。思辨的范围可大可小，可以只就书中某处局部内容与观点展开，也可以立足全书辨析。比如比较辨析书中《从欲望到需要》一章的"看不见的手"与"计划经济"时，若结合当代经济学研究的新进展进行思考，也可能得出不同的结论。还可以结合陈心想的著作《走出乡土：对话费孝通〈乡土中国〉》或郑也夫的观点，进行更大范围的阅读与辨析。

学以致用就是运用阅读所得分析现实，深化思考。浅层次的"用"以对某一问题的探究为主，比如可以运用阅读所得思考电影《秋菊打官司》中的故事冲突及其深层的文化原因，也可以进行访谈与调查，探究"现代中国家庭是否延续了费孝通先生在《乡土中国》中所描述的特性？""从'乡土中国'走向'现代中国'，我们必须摒弃哪些落后的特性？"[1]等问题，还可以思考书中哪些观点与自己的个人体验相一致或相背离，尝试运用书中观点理解和解释当下社会。

深层次的"用"以专题调查、写作等为主。可以以"今日中国乡村的变迁"为主题，或选择其他感兴趣的角度，开展专题调查，分析调查结果，深化对现实的认识，在更广泛的意义上建立《乡土中国》与当代社会生活之间的联系；可以就《乡土中国》的现实意义、时代价值等话题开展研讨；还可以结合阅读所得重读《红楼梦》《祝福》《边城》《四世同堂》等经典文学作品，对这些作品形成新的认识；更专业的读者还可以结合不同时期文学作品和影视作品中的乡土社会风貌，撰写研究论文，梳理乡土中国的现代化进程，形成对相关文化现象更深入的认识与思考。

综上可知，追求意义的阅读包含主动的阅读、层递式阅读两层含义。主动的阅读是阅读原则，更是一种阅读境界，它是一位成熟阅读者通过有挑战的阅读实现自身成长的自觉

---

1. 徐飞.共生教学视域下的整本书阅读——以《乡土中国》为例[J].语文建设，2019，(23)：10.

追求。层递式阅读则指明阅读的路径，即始终以追求意义为目标，遵循"初步通读—理解整合—思辨应用"的顺序进行阅读。《乡土中国》这样思想丰赡的学术类著作，需要的正是主动追求理解与意义、善于质疑与思辨的读者。因此，追求意义的阅读是阅读《乡土中国》的应有境界。

> **延伸思考**
>
> 你是否有过主动追求意义的阅读经历？选择一部读过的经典作品，试着将书中内容与自身体验、现实生活联系起来，对作品的现实意义、时代价值等展开思考，收获新的理解。

以简驭繁识渊奥

　　《乡土中国》全书共十四章，从结构格局、文化传承、道德观念、家族制度、权力结构、社会变迁等方面展开论述，对中国基层乡土社会进行了通论式的阐述。全书内容丰赡，思想深刻，各章前后关联，层层推演，围绕从具体社会中提炼出的一组组概念，透彻剖析了乡土社会的本质特点，精彩地回答了"作为中国基层社会的乡土社会究竟是个什么样的社会"的问题，为当时志在变革中国社会的人们认清现实、理性行动提供了宝贵的思考成果。面对这样一部学术著作，我们要着重梳理文章的主要内容及核心概念，深入到文章的精彩论述中去，从而更有效、更深刻地解读作品。

提要钩玄

读懂这部作品的第一步,是准确提炼各章核心概念和内容概要,以尽快领会全书要旨,为随后登堂入室、深窥堂奥打下基础。

核心概念梳理

《乡土中国》是一本社会学学术著作,突出的特点是概念众多,几乎每个章节都会出现一组成对的核心概念,理解这些核心概念是理解文本的一把钥匙,正如费孝通先生所说:"搞清楚我所谓乡土社会这个概念,就可以帮助我们去理解具体的中国社会。概念在这个意义上,是我们认识事物的工具。"

现将每章的核心概念梳理如下:

核心概念一览

章节	核心概念
差序格局	差序格局/团体格局
家族	家族/家庭
男女有别	阿波罗式/浮士德式
礼治秩序	礼治社会/法治社会
无为政治	横暴权力/同意权力
长老统治	长老统治/教化权力
名实的分离	长老权力/时势权力
从欲望到需要	欲望/需要

理解同一组概念时，可以制作对比表格，直观清晰。注意：从原文中提炼信息时，不要遗漏；需要归纳出对比点。比如：

核心概念对比

对比点	团体格局	差序格局
界限	界限分明	界限不明，可伸缩
比喻	像捆柴	像水波纹
人际关系	争权	攀关系、讲交情
中心	个人主义	自我主义
道德观	不分差序的兼爱	没有超乎私人关系的道德观，道德要素是孝悌忠信

各章内容概要

第一章《乡土本色》是全书总论，提纲挈领地阐明了"乡土性"这一中国传统社会的基本特征，为后面各章提出一系列创造性概念、深入剖析乡土社会各方面特征打下了坚实的基础。

《乡土本色》主要内容

本章谈中国社会的基本特征。从基层上看去，中国社会是乡土性的。"土头土脑的乡下人"才是中国社会的基层。"土"字道出农业文明的特点：人们靠种地谋生，土地是人们生存、情感、文化的基础。因此乡土社会有两个特性：人口几乎不流动，世代定居是常态；人们聚村而居，社会生活富于地方性，是没有陌生人的"熟悉"的社会。熟人社会属于礼俗社会，不同于法理社会。在礼俗社会中，约定俗成的规矩是人们的行为准绳；人们只关注从熟悉的环境中得来的个别认识，不追求笼罩万有的真理。进入现代社会，乡土社会中的生活方式处处产生了流弊。

第二、三章分别从空间和时间角度说明乡下人没有文字的需要，阐明了乡土社会中人际交流与文化传递的特点与方式，对当时文字下乡的倡导者给予了坦诚的提醒，也启发人们思考如何从根本上解决当时中国面临的问题。

《文字下乡》主要内容

本章从空间角度说明乡下人没有文字的需要。乡下人不识字，是因缺少识字的环境与需要，不宜作为判断"愚"的标准。文字是人们无法当面交流时的替代工具，并不能完全传情达意。在乡土社会"面对面的社群"中，人们直接接触，表情、动作有时比声音更容易表意，文字和语言并非传情达意的唯一工具，而且这工具是有缺陷的。乡土社会中的"文盲"，并非出于乡下人的愚，而是由于乡土社会的本质。提倡文字下乡，必须首先考虑乡土社会的文字和语言基础。

《再论文字下乡》主要内容

本章从时间角度说明乡下人没有文字的需要。人通过不断学习打破个人的今昔之隔和社会的世代之隔，把个别的、片刻的具体情境抽象成一套能够普遍应用的概念，也就是"词"，在个人的今昔和社会的世代间筑通桥梁，实现个人经验和社会共同经验的累积，形成了文化。一切文化中不能没有词，可是不一定有文字。乡土社会生活定型，历世不移，个别的经验就等于世代的经验。语言口口相传足够传递世代间的经验，用不着文字。中国最早的文字是庙堂性的，并不是在基层上发生。只有中国社会乡土性的基层发生了变化，文字才能下乡。

第四、五两章阐述了中国乡土社会的结构格局以及由此产生的道德观念,"差序格局"这一创造性概念深刻点明了中国社会的结构特征,关于"私"的原因的剖析鞭辟入里,启人思考。

《差序格局》主要内容

本章谈乡土社会的结构格局。"私"的毛病在中国相当普遍,这与整个社会结构格局有关。西洋社会格局是界限分明的"团体格局"。中国社会格局是以"己"为中心、范围可伸缩的"差序格局",每个人都是他社会影响所及的圈子的中心,圈子大小依中心势力厚薄而定。儒家"人伦"之"伦"是有差等的次序,孔子的推己及人、儒家的家国天下、以"己"为中心的自我主义,都是差序格局的表现。由此可以明白中国传统社会中"私"的问题:在差序格局里,"公"和"私"是相对而言的,群己界限模糊不清。克己因此成为最重要的德行,克群、争权利则不会发生。

《系维着私人的道德》主要内容

本章谈乡土社会的道德观念。社会结构格局的差别引起不同的道德观念。"团体格局"中的道德观念建筑在团体与个人的关系上,与宗教观念密切相关。团体是超于个人的"实在",团体格局强调平等、公道和权利。"差序格局"道德体

系的出发点是"克己复礼",在以"己"为中心、由无数私人关系搭建的社会关系网络中,每种私人关系附着一种不同的道德要素,如孝悌忠信等。"仁"的观念只是私人关系中道德要素的共相,要回到具体道德要素和伦常关系中理解其内涵。差序格局的社会中没有超乎私人关系的笼罩性的道德观念,所有价值标准不能超脱于差序人伦而存在。

第六、七两章分析乡土社会中的家族制度及传统感情定向问题,深入阐发了差序格局之下中国传统家族的特点与功能,从文化与社会意义角度对中国传统社会夫妻感情模式进行了深刻剖析。

《家族》主要内容

本章谈乡土社会中的家族制度。两种社会格局中的两类社群可以用"团体""社会圈子"加以区分。西洋的家庭是团体性的社群,主要功能是生育,一般是临时性的。中国乡土社会的家庭没有严格的团体界限,是沿父系差序向外扩大的社会圈子,是根据单系亲属原则组成的社群,可称为"小家族"。除了生育功能,家族还担负着政治、经济、宗教等功能,成为一个长期绵续的事业组织。西洋家庭中夫妇是主轴,两性之间的感情是凝合的力量。乡土社会中家的主轴在父子、婆媳之间,夫妇成了配轴,这两轴因事业的效率需要而排斥普通的感情，中国家庭讲究家法，夫妇之间感情较淡漠。这种格局也造成中国人两性间矜持和保留的特点。

《男女有别》主要内容

本章谈中国传统感情定向问题。从社会关系上说，感情具有破坏和创造作用，感情的淡漠是稳定的表示。在文化模式上，乡土社会属于阿波罗式，追求秩序的稳定与维持；现代社会是浮士德式，追求无尽的创造与改变。在乡土社会中，一切足以引起秩序破坏的要素都被遏制着。因此有了"男女有别"的原则，以避免发生激动性的感情。男女只经营分工合作的经济和生育的事业，而不求彼此心理上的契洽。于是以同性为主、异性为辅的家族代替了家庭，成为乡土社会的基本社群。中国传统感情定向也偏向了同性的亲密和实用精神。

第八章至第十一章主要论述中国乡土社会的基本统治秩序和权力结构，以"礼治"澄清"人治"的误解，对比辨析"横暴权力""同意权力""教化权力"，见解富有洞察力与创造性。

《礼治秩序》主要内容

本章谈乡土社会的统治秩序。将"人治"与"法治"相对称的说法并不准确，"人治"易被误解为有权力者凭一己好恶来规定社会秩序。乡土社会其实是"礼治"社会。礼是社

会公认合式的行为规范。从行为规范这一点说，礼和法律无异。二者的不同在于维持规范的力量，法律靠国家权力来推行，而维持礼靠的是传统。乡土社会是很少变动的社会，祖辈积累的经验往往是解决生活问题的有效方案，成为人们敬畏的传统。传统规定的行为规范就成了"仪式"。礼是按着仪式做，是经教化过程而成为主动性的服膺于传统的习惯。礼治社会并不能在变迁很快的时代中出现，这是乡土社会的特色。

《无讼》主要内容

本章谈乡土社会的诉讼观念。乡土社会中，出现讼事说明传统规矩被破坏，涉及不知"礼"的道德问题。礼治是对传统规则的服膺，注重修身克己，理想状态是每个人都自动地守规矩。维持礼治秩序的理想手段是教化。越出规矩表示师长的教化不够，因此打官司是可羞之事，"无讼"才是目标。现代社会是变动中的社会，国家通过判例等法律制度来厘定变动中的相互权利，保护个人的权利和社会的安全，诉讼无关道德问题。在乡土社会推行司法下乡，先要改革社会结构与思想观念，以免法治秩序未立，却已先破坏了礼治秩序。

《无为政治》主要内容

本章初谈乡土社会的权力结构。权力可分为横暴权力与同意权力。前者发生于社会冲突,表现为社会不同团体或阶层间的主从形态,是压迫性质的。后者发生于社会合作,是为了保障社会分工中产生的权利和义务,是共同授予的,基于社会契约。人类社会中两种权力错综混合,各有侧重,但都与经济利益密切相关,也受到经济条件的限制。乡土社会是农业性的,可提供的经济利益有限,支持横暴权力的基础不足;小农经济自给自足,分工体系不发达,同意权力范围也难以扩大。两种权力在乡土社会都是松弛微弱的,"无为政治"因此形成。

《长老统治》主要内容

本章继续谈乡土社会的权力结构。乡土社会的第三种权力是教化权力,它发生于社会继替的过程,是为教化新成员掌握合于一定文化传统的社会生活规范,适应群体生活,并保障文化传承,是强制性的。教化权力并不限于亲子关系,所有文化性的强制都包含这种权力,如礼治秩序、"为政以德"的政治思想。中国传统社会重视长幼之序,提倡"出则弟",也表示教化权力的重要。由于教化权力的存在,以民主与否衡量中国乡土社会并不准确,"长老统治"是更好的

说法。

最后三章着眼于乡土社会的变迁，在对血缘与地缘、名与实、欲望与需要的对比辨析中，阐释了乡土社会向现代社会转变的过程、方式与可能性，对于理解中国社会的现代化进程提供了有益的启示。

《血缘和地缘》主要内容

本章谈乡土社会的性质。血缘社会用生育形成的社会关系规定各人的社会地位，稳定而缺乏变动。血缘和地缘合一是社区的原始状态；人口繁殖到一定程度后社群发生分裂，血缘和地缘才发生分离。亲密的血缘关系限制着若干社会活动，人们的交易以人情维持，授受之间无法一一清算往回。随着社会生活的发展，单靠人情不易维持相互间权利和义务的平衡，通过货币"当场算清"的需要增加，才产生了商业。商业以寄籍于血缘性社区的"外边人"为媒介，在血缘之外发展。血缘是身份社会的基础，地缘是契约社会的基础。从血缘结合转变到地缘结合是从乡土社会到现代社会，是社会性质的转变。

《名实的分离》主要内容

本章谈乡土社会的变动方式。乡土社会并非完全静止，只是比现代社会变得慢。社会变迁激烈时，发生时势权力；

当社会变迁可以被吸收在社会继替中时，社会安定，时势权力不发达，长老保持他们的权力。长老权力下的乡土社会，不发生"反对"，而以"注释"谋求和社会的变动相适应，即维持长老权力的形式而注入变动的内容。表面上承认其形式，内容却可以经注释而改变。这最终引起名实的分离，名实之间的距离随着社会变迁速率而增加。社会变动加速时，注释式歪曲原意的情形就难以避免。

《从欲望到需要》主要内容

本章谈社会变迁中人类行为的变化。从"欲望"到"需要"是社会变迁中重要的里程碑。乡土社会中人们靠"欲望"行事，这"欲望"并非生物事实，而是文化事实，是长时间自然累积出来的经验，是各种错误被淘汰后留下的一套有助于生存的生活方式。现代社会以"需要"作为行为的指导，人们自觉推求手段和目的之间的关系，依照科学分析的结果去计划行为，将自觉的生存条件作为"需要"，以适应快速变动的社会。乡土社会的"欲望"是自然的经验，现代社会的"需要"是理性的计划。

剖析入微

《乡土中国》是从宏观上"对传统社会秩序的融会贯通的理论思考"[1]，篇幅不长，思想内涵却深邃广博。全书提出了诸多经典论断，各章中有对中国传统社会特点的创造性阐释，也有融入论述过程的对社会、文化等领域话题的精警思考，给人以丰富的启发与教益。下面摘录其中一些精彩论述，附以简评，以期呈现阅读《乡土中国》更多的可能性。

> 1. 在一个熟悉的社会中，我们会得到从心所欲而不逾规矩的自由。这和法律所保障的自由不同。规矩不是法律，规矩是"习"出来的礼俗，从俗即是从心。[2]（《乡土本色》）

乡土社会中，礼俗已经内化于人们的心灵，成为习焉不察的思想与行为准则。拥有"从心所欲而不逾规矩的自由"

---
1. 郑也夫.评《乡土中国》与费孝通[N].中华读书报，2015-09-16(5).
2. 费孝通.乡土中国[M].北京：人民文学出版社，2021：5.

是否意味着每一个人能轻松愉悦？现代社会中"从心所欲而不逾规矩的自由"是否能实现？

2. 语言像是个社会定下的筛子，如果我们有一种情意和这筛子的格子不同也就漏不过去。……其实这个筛子虽则有助于人和人间的了解，但同时却也使人和人间的情意公式化了，使每一人、每一刻的实际情意都走了一点样。(《文字下乡》)

这一论断道出了语言的局限性。相对于人类丰富深邃的心灵世界，语言有时显得力不从心。文学创作中讲究文法和艺术正是为努力减少文字的走样。我们在写作中要努力锤炼语言，避免粗疏僵化的表达，追求鲜活独特、丰赡粹美的语言。

3. 文化是依赖象征体系和个人的记忆而维护着的社会共同经验。这样说来，每个人的"当前"，不但包括他个人"过去"的投影，而且还是整个民族的"过去"的投影。历史对于个人并不是点缀的饰物，而是实用的、不可或缺的生活基础。(《再论文字下乡》)

这一观点揭示了文化的实质，以及个人与历史、民族、文化的关系。个人无法脱离本民族文化而存在，每一个人，既是独立的生命个体，更是其民族文化的一部分。我们是文化的产物，也应守护、传承文化。

4. 我们的社会结构本身和西洋的格局是不相同的，我们的格局不是一捆一捆扎清楚的柴，而是好像把一块石头丢在水面上所发生的一圈圈推出去的波纹。每个人都是他社会影响所推出去的圈子的中心。被圈子的波纹所推及的就发生联系。(《差序格局》)

中国乡土社会的结构和西方迥乎不同，它是复杂而又独特的人际网，决定了人与人之间"讲人情""攀关系"的交往方式。它是把双刃剑，它能给社会带来人情的温度，但在一定程度上也会削弱社会民主与法治的力量。

5. 一个差序格局的社会，是由无数私人关系搭成的网络。这网络的每一个结都附着一种道德要素，因之，传统的道德里不另找出一个笼统性的道德观念来，所有的价值标准也不能超脱于差序的人伦而存在了。(《系维着私人的道德》)

我们的传统社会中是否真的没有一个笼统性的道德观念？孔子虽然没有明确界定过"仁"的内涵，但他关于"仁"的众多回答却能够启发我们："爱人""忠恕"近"仁"。当然，只有社会大众普遍承认与践行，才可称其为普遍的价值标准。我们的乡土社会距此还有相当的距离。

6.我们的家既是个绵续性的事业社群，它的主轴是在父子之间，在婆媳之间，是纵的，不是横的。夫妇成了配轴。配轴虽则和主轴一样并不是临时性的，但是这两轴却都被事业的需要而排斥了普通的感情。(《家族》)

这是对中国传统家庭中夫妻、父子相处模式的深刻剖析。理解了这个特点，才会读懂《红楼梦》中贾政对宝玉的态度，也才会发现：当个人情感不再需要让位于家族事业的传承与壮大时，我们才得以感受家庭的温暖，习以为常的事原来是那样弥足珍贵。

7.乡土社会是阿波罗式的，而现代社会是浮士德式的。(《男女有别》)

是保持稳定与秩序，还是追求创造与改变，成为乡土与

现代两类社会文化的分野。孰优孰劣？得失之间，难有定论。不可改变的趋势是，创造与变化正在成为当今世界的常态。对此，是被动接受，还是主动迎接？我们要维系什么，改变什么？

8.礼治社会并不是指文质彬彬，像《镜花缘》里所描写的君子国一般的社会。礼并不带有"文明"或是"慈善"或是"见了人点个头"不穷凶极恶的意思。礼也可以杀人，可以很"野蛮"。(《礼治秩序》)

这段文字准确辨析了"礼治"的内涵。"礼治"之"礼"并非简单等同于"礼貌"之"礼"，它是带有强制性的行为规范，甚至可能扼杀生机。鲁迅笔下祥林嫂的命运悲剧在这里找到了根源。严谨的内涵辨析，以平易的语言、鲜活的经验道出，在轻松愉悦中给人以思想的启迪，非大家不能如此。

9.礼治和这种个人好恶的统治相差很远，因为礼是传统，是整个社会历史在维持这种秩序。礼治社会是并不能在变迁很快的时代中出现的，这是乡土社会的特色。(《礼治秩序》)

这一观点澄清了一般人对中国传统社会的误解。"人治"实为"礼治"。"礼治"并非乱治,而是特定历史条件的产物,有它存在的合理性。我们要建立现代化的法治国家,是完全改变建立在传统文化经验基础上的礼治秩序,还是在传承与发展中建立新的礼治秩序?

10. 所谓礼治就是对传统规则的服膺。生活各方面,人和人的关系,都有着一定的规则。行为者对于这些规则从小就熟习,不问理由而认为是当然的。长期的教育已把外在的规则化成了内在的习惯。维持礼俗的力量不在身外的权力,而是在身内的良心。(《无讼》)

这段文字阐明传统与教化是礼治的关键。社会治理成本小,文化传承有保证,这是其利;个人主体意志与创造性弱,社会与文化整体发展缓慢,这是其弊。抛弃传统不可取,固守传统更不可为。如何在二者的平衡中实现社会与文化的发展,是现代人面临的课题。

11. 文化和政治的区别就在这里:凡是被社会不成问题地加以接受的规范,是文化性的;当一个社会还没有共同接受一套规范,各种意见纷呈,求取临时解决办法的活动

是政治。文化的基础必须是同意的,但文化对于社会的新分子是强制的,是一种教化过程。(《长老统治》)

这段文字阐明了文化与政治的区别。有价值的文化传统应当传承,不必争论;新的社会规范需要讨论与对话,以达成共识。分清文化与政治,学会理性对话、公共说理,是现代人应当具备的能力。

> **文学小窗**
>
> 公共说理主要是指在公共领域里,一个公民面对面或者凭借一定的传播媒介,与其他公民公开地、自由平等地就具有讨论价值的话题,进行有理性的、有逻辑的言说和对话。[1]
>
> 它离不开说理,体现的是一种理性,意味着人们之间能够平等对话,实现信息互通,让问题可被探讨,并处于待解决的路途中。公共说理能否达成共识,与说理者的素质密切相关。

12. 契约的完成是权利义务的清算,须要精密的计算,确当的单位,可靠的媒介。在这里是冷静的考虑,不是感

---

1. 张璐璐. 学会公共说理——以 S 小学高年段公共说理教育为例 [D]. 南京:南京师范大学,2018:摘要.

情，于是理性支配着人们的活动——这一切是现代社会的特性，也正是乡土社会所缺的。(《血缘和地缘》)

这段内容点明了现代社会的基本特征：具有理性的契约精神。这确实推动了人类文明的高速发展，但问题也隐含其中。如果只发展实用理性，而丧失价值理性，人类社会的发展方向将不可想象。除了冷冰冰的法律与契约，人类社会还需要人情的温度、人性的关怀。

13. 在变得很慢的社会中发生了长老权力，这种统治不能容忍反对，社会如果加速地变动，注释式歪曲原意的办法也就免不了。挟天子以令诸侯的结果，位与权，名与实，言与行，话与事，理论与现实，全趋向于分离了。(《名实的分离》)

这一论断指出名实分离现象的成因。但这样的现象是否只属于传统乡土社会？传统与现实、变与不变的矛盾，是任何时代都存在的问题，区别只在程度轻重。大到国家政策的制定，小到家规的订立，都有必要思考这一问题。与时俱进还是脱离实际，如何选择，往往取决于人们的能力和水平。

14.在乡土社会中人可以靠欲望去行事,但在现代社会中欲望并不能作为人们行为的指导,于是产生"需要",因之有了"计划"。从欲望到需要是社会变迁中一个很重要的里程碑。(《从欲望到需要》)

这一论断赋予"欲望"与"需要"两个词语新的内涵。这里的"欲望"是指世代传承的经验,"需要"是理性规划的产物。但后者未必一定优于前者,长期积累的经验自有其合理性,基于理性的整体规划也许并不能取得预期的效果。在社会经济、政治的变革中,人为规划与自然选择如何取舍,一直是思想家们争论的话题。

延伸思考

嫦娥五号完成我国首次月球采样返回任务,带回了月壤。媒体报道月壤不含任何有机养分,不能种菜后,广大网友心碎一地,调侃道:"好家伙,费这么大劲,居然不能种菜!"虽说是调侃,但却反映出中国人种菜的"执念"已经刻进了骨子里。中国人对土地有怎样的认识和情感,你能从《乡土中国》中找到答案吗?你有过或者从其他著作中发现过类似的"执念"吗?结合你的生活经历和阅读经验说一说。

读出什么

文化自觉育新人

在《乡土中国》问世三十多年后,已成为中国社会学泰斗的费孝通先生在此书《重刊序言》中说:"至于本书内容所提出的论点,以我现有的水平来说,还是认为值得有人深入研究的,而且未始没有现实的意义。"费孝通先生为人谦逊,学养深厚,却并未讳言此书的价值,可见这本早期创作的小册子在他心中的分量。事实也的确如此,时至今日,《乡土中国》的阅读价值早已超出单纯的社会学范畴,它在哲学、经济、政治、文学等多个领域,在思维、文化、语言、审美等多个维度,给人以宏赡深广的启发和滋养,展现出历久弥新的价值和生命力。

文化价值：理解与传承，发现与创造

在《重刊序言》中，费孝通先生说《乡土中国》一书尝试回答"作为中国基层社会的乡土社会究竟是个什么样的社会"这一问题，明确道出了此书的创作宗旨。书中对中国传统社会结构与特征的深刻剖析，对文化传统与文化精神的精准提炼，对乡土中国社会生活画面的生动阐释，让阅读此书成为理解与传承传统文化、发现与创造文化新生的过程。阅读《乡土中国》，有助于我们理解昔日中国"何以如此"的文化根脉，思考今日中国"仍然如此"的传承与合理性，发现今日中国"已不如此"的变化与意义，创造未来中国"如此"与"如彼"融合发展的可能。

理解与传承

阅读《乡土中国》，有助于我们理解与传承中华传统文化。

读出什么
文化自觉育新人

关于第一次阅读《乡土中国》的体验，"的确如此"的共鸣、"原来如此"的领悟，可能是读者最普遍的感受。翻开此书，"礼俗社会""差序格局""礼治秩序""教化权力""长老统治""无讼"，一个个新鲜的名词伴着我们熟悉的社会生活画面接踵而至。以往司空见惯的行为与现象，被赋予新的观察与诠释角度，呈现出新的意义与内涵，让我们对生于斯长于斯、原本无比熟悉的社会与文化产生了新的理解与思考。

"从基层上看去，中国社会是乡土性的。"这句对中国传统社会性质的著名论断，是全书的基础。"这是一个'熟悉'的社会，没有陌生人的社会。""我们大家是熟人，打个招呼就是了，还用得着多说么？"这种被熟悉的人事、人情紧紧包裹着成长的感受，在老一辈人那里几乎是刻入生命的记忆，年轻一代对"熟人社会"中人们的行为与思想方式也并不陌生。以往我们也许对此并未深入思考，只是对凡事讲人情的"陋习"多有不满。但费孝通先生告诉我们，在乡土社会中，"人情"还意味着亲密与温暖。"熟悉是从时间里、多方面、经常的接触中所发生的亲密的感觉"，人们生于斯、长于斯，彼此熟悉、信任；人们安土重迁，出远门时带着故乡泥土的习俗折射出故土难离的心情；"他们对物也是'熟悉'的"，人与自然的关系是密切的。由此形成了家国情怀、山水文化，人们对故乡充满眷恋，对山水自然投射着热爱，"露从今夜白，月是故乡明""举头望明月，低头思故乡""青山一道同云雨，明月何曾是两乡"等经典诗句流传至今，诗中故园情与山水意交融的审美意境让人触动，产生共鸣。面对这样的文化底色，我们自然会对乡土性的中国社会怀有更加理解、包容的心态。

《乡土中国》对传统文化经典的大量引述与阐释更使其具有重要的文化传承价值。为深入分析传统社会的文化心理，费孝通先生广泛引述《论语》《礼记》《大学》《孟子》等文化经典中的内容，其中对《论语》的引用更是多达数十次。有关《论语》的引述涉及"仁""学""孝悌""忠信""为政"等重要概念，费孝通先生将"这些他熟悉的千年古语，悄然无痕地转化为朴实的也是他自己的社会学表达"，成为"独具费氏'社会学想象力'的《论语》心得'"[1]。这些文字增强了《乡土中国》的说服力，也成为我们洞察、领会、传承儒家思想精华的生动材料。

例如《乡土本色》一章，谈到乡土社会是"熟悉"的社会、礼俗社会时指出："熟悉……这过程是《论语》第一句里的'习'字。'学'是和陌生事物的最初接触，'习'是陶炼，

---

1. 岳永逸.乡土中国注解本[M].北京：中华书局，2020：38-41.

'不亦说乎'是描写熟悉之后的亲密感觉。在一个熟悉的社会中，我们会得到从心所欲而不逾规矩的自由。这和法律所保障的自由不同。规矩不是法律，规矩是'习'出来的礼俗。"这段话既是对礼俗社会特点的生动概括，又是对孔子所论"学习"含义的独特阐释。又如："孝是什么？孔子……归结到'心安'二字。做子女的得在日常接触中去摸熟父母的性格，然后去承他们的欢，做到自己的心安。这说明了乡土社会中人和人相处的基本办法。"这段论述从亲子关系角度再次阐明乡土社会中"熟悉"是人们的基本行为逻辑，也诠释了"心安"是孔子所谓的"孝"的内核。这些生动的论述，无疑会使读者更深刻地理解传统文化精神，产生文化认同，使文化传承得以自然发生。

发现与创造

阅读《乡土中国》，能启发我们发现传统文化新的生命力，创造出新的表现形式，让传统文化焕发新生机。

谈到《乡土中国》，一些读者也许会有这样的想法："熟人社会""礼俗社会"等传统社会的观念已经过时，处于现代化进程的今日中国不再需要乡土社会的文化遗产。但实际情况可能并非如此，结合乡土社会的观念来观察、分析身边的社会现象，也许会发现传统文化在现代社会存在新的可能。

以"礼俗社会"为例。《礼治秩序》《无讼》《无为政治》《长老统治》等章反复强调，乡土社会是"礼治"的社会，维持社会秩序的是由传统经验形成的礼俗；维持礼治秩序的理想手段是教化，社会中的矛盾主要通过"调解"的方式解决；理想的礼治是每个人都自动地守规矩，实现"无讼""无为"。那么，是否到了讲究法治秩序的现代社会，礼治就失去了存在的必要？现实情况是，法治与礼治并不矛盾，反而可以互补。比如，有些行为虽然不违法但不合礼，需要礼的规范，而一些已经提交到法院的案件也可以尝试通过调解的方式解决，以提升司法效率，降低社会治理成本。当前我国司法程序中的诉前调解机制就是典型例子。近几年出现的北京卫视《向前一步》、江西卫视《金牌调解》等节目更显现出人们平衡法理与人情、法治与礼治并用的智慧。这些节目围绕社会热点问题，聚焦一些利益复杂交织、长期难以解决的纠纷案件，搭建起城市管理者、普通百姓、各利益方间平等对话与坦诚沟通的平台，既有效降低了社会治理成本，又有助于形成和谐文明的社会风尚。这些例子恰可说明，乡土社会礼治

观念在现代社会并没有过时，反而焕发出新的生机。

又如"讲人情"。《乡土本色》《血缘和地缘》等章指出："乡土社会里从熟悉得到信任。……乡土社会的信用并不是对契约的重视，而是发生于对一种行为的规矩熟悉到不假思索时的可靠性。"讲人情的传统使商业难以发生，商业活动只有到了讲究契约精神的现代社会才得以发展。但是，细察近些年新兴的社群团购、网红直播带货等商业形态，你是否察觉到它们与以往基于陌生人契约的商业模式有所不同？团购群、直播间里的买主看重的是群主、直播带货网红个人的信用，以及如邻里乡亲般亲切热诚地与他们分享使用体验并给予购买建议，购买是基于对特定个体熟悉基础上的信任，追求的是购物的轻松与心安。这种商业模式的兴起，是否显示着乡土社会基于个人信用的文化传统获得了新的生命力？

类似的情况还有不少，《乡土中国》对很多问题的论述都具有跨越时空的前瞻性，对于当代中国的发展具有现实意义，读者可以尝试将书中观点与当今社会现象对照观察，寻找传统的乡土社会观念与当代中国发展的契合点，赋予传统文化新的生命力。

延伸思考

《论语》中多有体现孔子对古代先王之礼推崇和传承的语句,如:"子曰:'周监于二代,郁郁乎文哉!吾从周。'"这种对传统的继承和尊重对于礼治秩序的延续有何作用?在社会发展的过程中,传统的礼治秩序面临着哪些挑战?

思想价值：学会思辨，拓展边界

《乡土中国》是我国社会学本土化的重要论著，对研究中国传统社会结构具有开创性意义。它具有学术类著作应有的逻辑性、系统性强的特点，阅读这样的作品，需要我们进行深入的思考和分析，对促进思维发展具有显而易见的作用。

首先是思维品质的提升。《乡土中国》是费孝通先生继《江村经济》《禄村农田》之后，社会学研究从此前的个案、类型向通论过渡的产物。"所谓通论，不再是对一个社会单元的具体描述，而要提升一步，从具体社会生活中提炼出一些概念，来表达存在于具体事物中的普遍性质，也表达作者对社会现象的理性认识。《乡土中国》正是费先生试图对中国基层社会性质作出通论式描述的尝试结果。"[1]费孝通先生在《后记》中指出，《乡土中国》"属于社区分析第二步的比较研究

---

1. 张冠生.探寻一个好社会：费孝通说乡土中国[M].广西：广西师范大学出版社，2016：79.

的范围"。这样的作品，追求的是直达本质的深刻性、探寻规律的概括性、对比分析的透彻性及发现特征的创造性。

事实也的确如此，"中国社会是乡土性的"这一精辟论断，"差序格局""礼俗社会""教化权力""长老权力"等一系列原创性概念，全面系统的中与西、城与乡的对比辨析，以及清晰精准的概念界定，深刻独到的规律揭示，无不显示出作者思想的深刻性、概括性、创造性、批判性。阅读这样的作品，本身就是一次极佳的思维训练过程，我们的思维品质会在潜移默化中得到提升。

其次是思维方式的优化。《乡土中国》的通论式特点决定了其论述说理的一大特点是从现象到本质，从个体到规律，从"流"到"源"。费孝通先生擅长从人类活动、文化发生的源头开始，结合心理学、哲学、社会学等多个领域的知识，对乡土社会的种种现象进行抽丝剥茧的阐述与分析，擘肌分理，沿波讨源，最终以创造性的概念揭示出中国传统社会的本质特点、发展规律。例如，对乡土社会中夫妻感情淡漠的现象，费孝通先生从中西方社会"差序格局""团体格局"的差异着手，指出两种不同的社会结构格局中家庭的功能不同，进而结合"阿波罗式""浮士德式"文化观，揭示出乡土社会与西方社会中男女感情定向差异的深层原因。阅读这样的作

品，我们会逐渐形成一种超越表象、探寻规律、追本溯源的思维习惯，更多地从人类行为的内在动机、文化规律等层面思考问题，探究本质特征、根本原因，进而使洞察力更加深刻，思维方式得以优化。

> **文学小窗**
>
> 阿波罗式文化观：阿波罗在古希腊神话中代表着秩序、稳定、理性和节制。阿波罗式文化观强调一种和谐、平衡的状态。在这种文化观念下，社会秩序是既定的、被接受的，人们倾向于遵循传统的生活模式。
>
> 浮士德式文化观：浮士德是德国传说中的人物，他与魔鬼签订契约，不断追求知识、权力、经验等，永不满足。浮士德式文化观体现出一种对无限的追求，包括对知识的无尽探索、对新领域的开拓、对物质和精神世界的不断征服。这种文化观念下的人们不安于现状，勇于突破传统的束缚，积极追求变化和进步。

再次是思想与知识边界的扩展。与思想的深邃相匹配的，是《乡土中国》内容的广博丰富。费孝通先生旁征博引，或引述，或概举，将《论语》《礼记》等传统经典和西方哲学、社会学、人类学、经济学等领域的诸多著述与思想自然融入论述过程。除了多次引述《论语》，《礼记》《孟子》《中庸》

《大学》《老子》《史记》《释名》《项脊轩志》《镜花缘》《红楼梦》《包公案》等传统经典和潘光旦的《说伦字》等现代论文中的内容也被费孝通先生信手拈来，为阐述自己的思想服务。令我们印象深刻的，还有书中涉及的大量西方社会学、经济学观点，如有机的团结、机械的团结、劣币驱逐良币、看不见的手、阿波罗式与浮士德式文化模式，等等。这些丰富的材料使我们得以更透彻地领会书中思想，更深刻地理解中国与世界，思想与知识边界于无形中得到拓展。

情感价值：提升素养，滋养心灵

虽然是一本学术类著作，但费孝通先生的深厚学养与文学才华使《乡土中国》同时具有了熏陶情感、提升语言素养与鉴赏能力的价值。

正如论者所说，"社会学家、人类学家、民族学家、社会活动家，这些耀眼的标签是否就是费孝通的全貌？其实，他还是杰出的政论家、优秀的散文家"[1]，其文"深入浅出，意远言简，匠心别具，趣味盎然"[2]，他具有极高的语言造诣。阅读《乡土中国》，的确可以时时感受到费孝通先生语言的魅力：既平易亲切，诙谐生动，又典雅古朴，富有诗意；既简洁严谨，理性缜密，又平和从容，娓娓道来，展现出作者雍容典雅的士人风范。徜徉其间，我们会受到春风化雨般的语言滋养。此外，书中还有两章专门讨论语言与文字问题，其中关

---

1. 岳永逸.乡土中国注解本[M].北京：中华书局，2020：3.
2. 岳永逸.乡土中国注解本[M].北京：中华书局，2020：5.

于文字传情达意的局限性、语言与文字的区别、面对面全息交流等的论述，会对我们认识语言的功用产生启发意义。

《乡土中国》对中国传统文化心理的深刻揭示，还能帮助我们深入理解文学经典，提升鉴赏能力。例如《家族》一章关于中国传统家族中情感定向的论述："我们的家既是个绵续性的事业社群，它的主轴是在父子之间，在婆媳之间，是纵的，不是横的。夫妇成了配轴。……这两轴却都被事业的需要而排斥了普通的感情。""一切事业都不能脱离效率的考虑。求效率就得讲纪律；纪律排斥私情的宽容。在中国的家庭里有家法，在夫妇间得相敬，女子有着三从四德的标准，亲子间讲究负责和服从。这些都是事业社群里的特色。"这些论述对于我们理解《红楼梦》会大有启发。很多人不理解贾政对宝玉的严苛要求、无情态度，也不明白宝玉挨打时王夫人求告贾政所说的话语，更无法接受邢夫人帮丈夫贾赦讨鸳鸯的行为。但阅读了费孝通先生对传统社会中家族特点的分析后，我们可能会对中国传统家族中夫妻、父子之间情感的淡漠、克制有更深的理解与同情。

在《重刊序言》中，费孝通先生说："我当时在大学里讲课，不喜欢用现存的课本，而企图利用和青年学生们的接触机会，探索一些我自己觉得有意义的课题。……尝试回答我

自己提出的'作为中国基层社会的乡土社会究竟是个什么样的社会'这个问题。"从中不难体会费孝通先生从青年时代即自觉践行的创新、探索、进取精神，和自觉关注现实、承担社会责任的家国情怀。正如论者所言，"除了'农村'、'民族'，他一生还书写了'情怀'两个字"，"这种情怀，不仅有关乎'小我'、个体生命的儿女之情等私人情感，还有着对家国、天下念念不忘的责任感——舍我其谁的大关怀、大担当"[1]。所以，阅读《乡土中国》的真正意义在于，追随费孝通先生的脚步，理解、认同中华传统文化，积极思考并参与现实事务，脚踏实地地观察分析，成长为知行合一、主动承担社会责任的人。《乡土中国》的终极价值，其实在"人"的培养。"如果在细读《乡土中国》之后，能激发出探知当代中国与世界的热情，并转化为调研当下的生活方式以及因之生成的文化与习惯的行动，更有效地增强个体的表达能力、交际能力，促进社会的良性运行、协调发展，进而适应国内和国际发展需要，应该才是阅读《乡土中国》最大的价值与意义所在。"[2]

1.岳永逸.乡土中国注解本[M].北京：中华书局，2020：10.
2.岳永逸.乡土中国注解本[M].北京：中华书局，2020：49.

思随文动相映发

  《乡土中国》描写的是中国传统社会，关联反映乡土社会的文学作品，能够帮助我们更好地理解《乡土中国》里抽象的概念，从而读出兴味。反过来，借助《乡土中国》来探索乡土生活背后的文化内涵，亦是有趣，对于我们深入理解文学作品也会大有裨益。本章将以《乡土中国》对中国传统社会的论述做工具，来体察鲁迅先生短篇小说中的苦人孔乙己的遭遇。结合《乡土中国》来分析孔乙己的遭遇，当能更进一步理解鲁迅先生的用意。

苦人何必为难苦人——从《乡土中国》看《孔乙己》

鲁迅的学生孙伏园在《鲁迅先生二三事》中有这样一段话："我尝问鲁迅先生，在他所作的短篇小说里，他最喜欢哪一篇。他答复我说是《孔乙己》。……何以鲁迅先生自己最喜欢《孔乙己》呢？我简括地叙述一点作者当年告我的意见。《孔乙己》作者的主要用意，是在描写一般社会对于苦人的凉薄。"《孔乙己》这篇传世名作被研究者从不同层面开掘，呈现出丰富深刻的研究成果。若结合费孝通先生《乡土中国》中对中国传统社会的论述来体察苦人孔乙己的遭遇，理解小说中社会对苦人凉薄的原因，我们或许会产生新的认识。

文学小窗

孙伏园与鲁迅：孙伏园是鲁迅的同乡、学生，二人过从甚密，鲁迅于孙伏园而言亦师亦友。《鲁迅先生二三事》收录了他回忆鲁迅事迹、评述鲁迅思想、赏析鲁迅作品的文章。吕晓英在《孙伏园评传》中这样

说:"《鲁迅先生二三事》中的文章写得生动翔实,注重客观描述,不溢美,不隐恶,不受时代和人为的制约,坦白诚实。可以说,孙伏园作为鲁迅周围长期有着密切关系的为数不多的亲密朋友之一,他笔下的鲁迅及他对鲁迅作品的解读是独特的。"

温情脉脉的鲁镇

孔乙己生活的鲁镇是二十世纪浙东农村的典型集镇。乡土中国的特点——"种地谋生"的农业社会、"不流动"的定居社会、"聚村而居"的村落社区、礼俗性的"熟人社会"——鲁镇完全具备。孔乙己与"傍午傍晚散了工""靠柜外站着"喝酒的短衣帮们、"踱进店面隔壁的房子里,要酒要菜,慢慢地坐喝"的穿长衫的、咸亨酒店掌柜、小伙计及邻居、路人等,共同生活在鲁镇这个面对面的"熟人社会"里。

熟人社会有其温情脉脉的一面。乡土社会由于熟悉而产生规矩,因重视、信守规矩而产生信任。"乡土社会的信用并不是对契约的重视,而是发生于对一种行为的规矩熟悉到不假思索时的可靠性。"虽然孔乙己不被短衣帮、穿长衫的所接纳，常常被取笑，但咸亨酒店的掌柜仍会赊账给他。小说写道："（孔乙己）品行却比别人都好，就是从不拖欠；虽然间或没有现钱，暂时记在粉板上，但不出一月，定然还清，从粉板上拭去了孔乙己的名字。"从中可以看出，不仅孔乙己可以赊账，品行不如他且拖欠酒钱的人也能赊账，这是因为他们共同生活在鲁镇这个村落社区，大家彼此熟悉，了解彼此品行及偿债能力，遵守约定俗成的欠账还钱的规矩。记在粉板上的孔乙己欠的十九个钱，便是一种契约、一种彼此信任的明证。

类似的情形在小说中还有不少：咸亨酒店掌柜明知道小伙计样子太傻，笨手笨脚，却碍于荐头的情面不辞退他，一边提醒孔乙己欠着十九个钱，一边让伙计给他温酒；短衣帮们明知道酒店掌柜让伙计给酒羼水，既不点破也不揭发，而是监督小伙计使其不得羼水，等等。

冷漠残酷的鲁镇

然而，熟人社会也有冷漠残酷的一面。在这样一个熟人社会里，孔乙己是一个被抛弃的异类。有"一部乱蓬蓬的花白的胡子"的孔乙己应已年过半百；"穿的虽然是长衫，可是

又脏又破，似乎十多年没有补，也没有洗"；不知所踪的结局，说明他孤苦伶仃，没有父母妻儿，既无人为他洗衣缝补，也无人关心他的死活。在与他人的关系方面，孔乙己没有亲戚，没有朋友，连个谈天的人都没有。孔乙己身份尴尬：在理想层面，作为"站着喝酒而穿长衫的唯一的人"，他想通过读书进学跻身长衫帮，故而坚守读书人身份而穿长衫；在实际生活境况上，却等同于（甚至不如）短衣帮，"只能站着喝酒"，但短衣帮也不把他引为同道，更遑论拿他取笑的掌柜、呆头呆脑的店伙计了。

可以看到，孔乙己遭受的"凉薄"包括精神上的侮辱和身体上的损害。唯利是图、锱铢必较的掌柜的取笑，毫无恻隐之心的长衫主顾的戏弄，同为苦人的短衣帮的嘲笑等，是对孔乙己的精神上的侮辱。他们一方面怀着畏惧之心背地里谈论何家、丁举人，一方面带着鄙夷之情当面羞辱孔乙己。何家、丁举人则对孔乙己施行身体上的损害。小说虽没有正面描绘何家、丁举人的所作所为，但从他们把孔乙己"吊着打""打了大半夜，再打折了腿"的举动可以看出他们凶狠残酷的本性。

从长老权力看孔乙己的遭遇

若以《乡土中国》的内容来审视这"凉薄",我们会发现,在小说中的鲁镇,乡土社会中的长老权力、礼治秩序等已经发生了"变异",长老权力的拥有者丁举人等横暴冷酷,人们"对传统规则的服膺"变成了对何家、丁举人之流威势的畏惧、顺从,长老权力的维持不再依靠乡绅们的道德水准、知识学问及对乡村公共事务的热忱,而是基于人们对其残酷手段、官僚气焰的本能惧怕。于是,丁举人可以肆意殴打孔乙己,孔乙己却无从寻求公道与庇护,人们羞辱起孔乙己来也更加"安全",毫无危险,鲁镇这样一个熟人社会呈现出令人窒息的冷漠气息。

更值得思考的是孔乙己所遭受的精神层面的"凉薄"。在被丁举人殴打前,嘲讽调笑孔乙己早已成为人们的习惯;此后的取笑只是人们习惯的延续而已。那么,同为苦人的短衣帮、穿长衫的(穿长衫的未必不是苦人,社会地位当不如丁举人高),为何矛头一致,侮辱孔乙己呢?他们的道德感、同情心为何在孔乙己那里消失不见了?

从差序格局看孔乙己的遭遇

《差序格局》中说:"以'己'为中心,像石子一般投入水中,和别人所联系成的社会关系,不像团体中的分子一般大家立在一个平面上的,而是像水的波纹一般,一圈圈推出去,愈推愈远,也愈推愈薄。""中国的道德和法律,都因之得看所施的对象和'自己'的关系而加以程度上的伸缩。"(《系维着私人的道德》)以此审视,乡土社会中人们的道德感靠血缘关系的亲疏远近来维系,在以"己"为中心的差序格局中,对待自己的近亲好友,固然要讲孝悌忠信,而对待非亲非友者,人们的道德感往往减弱甚至消失。"老吾老以及人之老""先天下之忧而忧"的境界恐怕只有圣人君子才能达到。在小说中,孔乙己无父无母无妻无子,与短衣帮、穿长衫的、店掌柜等都看不出有较近的血缘关系,关系自然"远"而"薄"。因此推断,"远"与"薄"的社会关系,也在很大程度上导致了人们在情感态度上对孔乙己的疏远与冷漠。

拿孔乙己和小伙计来比较,更能理解"远"与"薄"所体现的道德的伸缩性。以掌柜为中心,推及荐头,再推及小伙计,关系虽渐远,但维系掌柜和小伙计关系的力量尚可(碍于情面),故而辞退不得。以掌柜为中心,推及孔乙己,不过是掌柜和顾客的关系而已，维系道德的力量微乎其微，除了金钱这个纽带之外，"情面"更可有可无了。短衣帮、穿长衫的等与孔乙己的关系亦如是。故而他们毫无道德负担地取笑他，戏耍他。豪强者更可以对他肆意施加肉体暴力，何家"吊着打"，丁举人则狠毒地"打了大半夜，再打折了腿"，致使他凄惨悲凉地离去（死去）。

其实，短衣帮与孔乙己一样同为苦人，虽实际境遇略胜一等，但若以短衣帮为中心，其与掌柜、穿长衫的、何家、丁举人的关系（如《风波》中的七斤之于赵七爷），也相当"远"与"薄"，同样是被嘲笑、戏耍的对象。苦人何必为难苦人？细思其源，可以窥见传统乡土社会差序格局、礼治秩序在二十世纪二三十年代暴露的问题及面临的困境。鲁迅谈及小说创作时说："所以我的取材，多采自病态社会的不幸的人们中，意思是在揭出病苦，引起疗救的注意。"他希望揭示病态社会的问题，启蒙国人，改变国民的精神样貌。结合《乡土中国》来理解孔乙己的遭遇，当能更进一步理解鲁迅的用意吧。

延伸思考

在鲁迅的小说《药》中，用革命者夏瑜的热血做成的人血馒头，成为华老栓买来为儿子治肺痨的"药"。而夏瑜入狱，告发他的竟是他的伯父夏三爷，因为"要是他不先告官，连他满门抄斩"。结合《乡土中国·差序格局》的内容思考，侄儿"造反"，为什么会殃及伯父？伯父告发侄儿，是出于"公"还是出于"私"？在乡土社会和现代社会中，这样的行为得到的评价会有怎样的不同？

必也使无讼乎——从《无讼》看孔乙己挨打

孔乙己的悲惨结局固然与他的出身、性格有关，更和他所处的乡土社会文化环境密切相关。

孔乙己读过书，能写一笔好字，可以靠给人家抄书谋生。但由于好吃懒做，免不了偶然做些偷窃的事。一次是偷了何家的书，被吊着打，脸上添上新伤疤。一次是偷丁举人家的东西，被打折了腿：

> 有一天，大约是中秋前的两三天，掌柜正在慢慢的结账，取下粉板，忽然说，"孔乙己长久没有来了。还欠十九个钱呢！"我才也觉得他的确长久没有来了。一个喝酒的人说道，"他怎么会来？……他打折了腿了。"掌柜说，"哦！""他总仍旧是偷。这一回，是自己发昏，竟偷到丁举人家里去了。他家的东西，偷得的么？""后来怎么样？""怎么样？先写服辩，后来是打，打了大半夜，再打

折了腿。""后来呢?""后来打折了腿了。""打折了怎样呢?""怎样?……谁晓得?许是死了。"掌柜也不再问,仍然慢慢的算他的账。[1]

孔乙己被打折了腿的经历成了闲聊的谈资,他的苦痛无人体会,更无人安抚、照料他;从小说结尾看,这一事件很有可能是他最后悲惨死去的直接诱因。那么,我们要问:孔乙己挨打,合情、合理、合法吗?

文学小窗

服辩是古代司法程序中犯法者画押承认犯罪的供状。《大清律例》载:"服者,心服;辩者,辩理。不当则辩,当则服。"司法判决时要向犯人及其家属宣读供状,宣告所犯罪名,犯法者认为判决得当则服罪,认为不当则有权申诉或辩冤(即辩)。但在司法实践中,法令往往得不到严格遵守,清代存在"今时犯供但令书吏诵,使听之,诵毕即令画供,未尝告之所犯罪名,与律文不符矣"的现象。

1.鲁迅.鲁迅全集:第一卷[M].北京:人民文学出版社,2005:460.

不合法的私刑：合情且合理

孔乙己偷了丁举人家什么东西，作者没有交代，但从被发现、被打来看，当是偷窃未遂。偷窃的行为当然不值得同情，受到些惩罚，于情可以理解。但是丁家的惩罚却是"先写服辩，后来是打，打了大半夜，再打折了腿"。"打了大半夜"说明殴打时间之久，"打折了腿"（从后文看，是双腿残废）说明折磨手段残忍，戕害程度极深。我们不免觉得，这种惩罚未免太过分！而且，遇盗报官才是正常合法途径，丁家却私设刑堂，动用私刑，这是不合法的。掌柜的和喝酒的人曾谈论孔乙己挨打后的结果。"打折了怎样呢？""怎样？……谁晓得？许是死了。"他们说的"怎样"指向孔乙己挨打后的状况，至于丁举人设私刑下毒手这一行为，他们没有异议——在他们眼中，这是自然而然的、本该如此的，是合理的。

为什么一件不合法的事在鲁镇民众眼里却合情合理？丁举人家遇盗、孔乙己受私刑，双方都不报官，不请求调解，原因是什么？

无意义的报官：胜负已定局

设想丁举人因为家中遇盗、财产受损而报官，或者孔乙己认为自己受了非人的惩罚而报官，结果会怎样呢？

《无讼》一章中引用旧小说中的折狱程序来描述诉讼判决过程："父母官用了他'看相'式的眼光，分出那个'獐头鼠目'，必非好人，重加呵责，逼出供状，结果好恶分辨，冤也申了，大呼青天。"孔乙己"青白脸色，皱纹间时常夹些伤痕；一部乱蓬蓬的花白的胡子"，在父母官眼中，他"獐头鼠目"，"必非好人"，对孔乙己"重加呵责，逼出供状"也当是意料之中的结局。"大呼青天"的也必是丁举人！张伟仁认为，乡土社会中"统治者采取了这种观点，对于涉及民刑事案件之人一概视为莠民、刁民、奸民、暴民，除非能自证其有理、无辜，皆须先加禁管，继之以刑罚，使他们吐实服辩，认罪悔过"[1]。如果孔乙己报官，司法者可能使用手段让他"吐实服辩，认罪悔过"，于孔乙己而言，实在是有百害而无一利。费孝通在《关于"乡土工业"和"绅权"》中说："我这样说并没有忽视绅士本身的容易腐化，成为土豪劣绅鱼肉

---

1. 张伟仁.中国法文化的起源、发展和特点（下）[J].中外法学，2011，（1）:16.

乡民的土皇帝。"《孔乙己》中的丁举人正是这样的乡绅典型，一句"他家的东西，偷得的么"充分说明了丁举人平日的威势与霸道。孔乙己如果报官，和形同恶霸的丁举人打官司，其结果是不言而喻的。由此我们可以看出，在丁举人这样的"土豪劣绅"面前，孔乙己挨打可真是哑巴吃黄连——有苦无处诉！而丁举人家实际上并未受到损失，报官虽然"理直气壮"，但不如毒打一顿"以儆效尤"的威慑力大。

不靠谱的调解："动口"不如"动手"

既然报官不是最好的选择，那么请乡村长老来调解会怎样呢？

从《无讼》一章可以看到，在重视礼治秩序的乡土社会中，人们解决矛盾冲突首先选择请乡村长老来调解，而不是先报官诉讼。因为"一个负责地方秩序的父母官，维持礼治秩序的理想手段是教化，而不是折狱"。那么，长老调解的过程是怎样的呢？《无讼》中作者以自己参与调解纠纷的事例来做说明。乡村调解的公式是乡绅"总是把那被调解的双方都骂一顿"，然后"依着他认为'应当'的告诉他们"，最后"大家认了罚回家"。看来，如果请长老来调解矛盾，一般的

结果是孔乙己挨一顿骂，认罚回家。而从小说中孔乙己挨打情节可以看出，丁举人对敢于冒犯自己的人是何等横暴，不可能接受那种不痛不痒的调解结果。而且，丁举人可能就是负责调解的乡绅，此时面对竟敢偷到自己头上的孔乙己，很难想象他会有请他人代为调解的耐心与善心。于是调解的场景也没有出现，孔乙己直接挨了打。

无讼：以和为贵，曲直次之

现在，我们可以回到第一个问题：为什么在鲁镇的民众眼里，孔乙己挨打是合情合理的呢？

《无讼》一文提到："在乡村里所谓调解，其实是一种教育过程。"解决乡村社会矛盾冲突首先是乡村长老依据礼治秩序进行调解，而非官府依据法律来裁决是非曲直。通过"调解的集会"公开"评理"，来教育参与者（尤其是乡民）敬畏、服膺礼治秩序是调解的主要目的，法律意义上的裁定是非曲直反而在其次。《无讼》中说："所谓礼治就是对传统规则的服膺。……长期的教育已把外在的规则化成了内在的习惯。"通过长期的教育，人们自觉地站在礼治秩序一边，对于破坏礼治秩序的行为自觉抵制。但这样的文化心理存在重大隐患：如果传统规则、礼治秩序的代言人——乡村长老、乡绅们维护的不再是真正的"礼"而是自身的利益，甚至以调解之名，行维护权力、残酷压榨之实，则孔子理想的"无讼"社会只会沦为底层民众求告无门的"铁屋子"。鲁镇的人们对于孔乙己可能被殴打致死的结果轻描淡写的态度，正说明他们对于报官、调解的结果早已心知肚明、习以为常，甚至认同举人老爷滥用私刑的行为。于是，一个不合法的事件就这样成为合情合理的事，孔乙己的死在人们心中没有掀起一点涟漪，足见以丁举人为代表的腐化的乡绅对社会基层权力的控制是多么稳固，传统乡土社会礼治秩序难以为继的现实又是多么真切。

明乎此，我们可能就会对鲁迅先生提出的"揭出病苦，引起疗救的注意"这一小说创作宗旨有更深的理解。

> **延伸思考**
>
> 《阿Q正传》中，阿Q被闲人、王胡、赵太爷、假洋鬼子等人打。面对不同的对象，阿Q表现出的行为与心理状态不尽相同。请结合《乡土中国》中《差序格局》《礼治秩序》《长老统治》《血缘和地缘》等篇目的内容，分析阿Q被打的原因。

读书方法

寻径探津得三昧

　　《乡土中国》是一部经典的社会学著作,篇幅简短,语言富有思辨性,阅读《乡土中国》与阅读文学类书籍有着本质区别,需要阅读者运用恰当的阅读方法,以保证阅读效果,形成阅读学术类著作的有效路径与经验。

关注序言，确定重点与方向

阅读时选择恰当的阅读方法，对于提升我们的读书质量，构建阅读经验有十分重要的影响。

阅读方法的确定要基于书籍性质和写作特点，而序言往往包含这两方面的信息。因此，无论阅读哪种书籍，都应重视序言。经典著作的经典版本，序言常常不止一篇，有作者或亲友讲述写作缘起和写作过程的，有研究者分析作品创作意图和写作特点的，有出版者介绍书籍出版情况和流传影响的，等等。这些看似枯燥无聊的文字，往往潜藏着重要信息。

《乡土中国》附有《重刊序言》，仔细阅读，我们会获得很多重要信息。通过写批注、记笔记、查阅资料等方式对这些信息进行分析加工，我们就会找到全书的内容重点，明确阅读方向与策略。

以下按序言行文顺序简要呈现这一过程：

序言一开篇，作者就告知我们：此书收集的是作者在西

南联大和云南大学所讲的"乡村社会学"一课的内容，是在杂志上分期连载的十四篇文章。

"连载"提示我们注意章节之间的联系，把握看似独立的章节中渐次深入的论述。"乡村社会学"课程说明这是一本社会学著作，这意味着我们不能再期待通过分析表现手法、人物、情节等文学作品要素来阅读这部作品，而应了解必要的社会学知识，以此作为阅读的基础。

查阅资料可以了解，社会学使用各种研究方法对社会行为和人类群体进行实证调查和批判分析，用来发展及完善一套有关人类社会结构及社会活动的知识体系，并以运用这些知识去寻求或改善社会福利为目标。社会学研究范围广泛，包括微观层级的社会行动或人际互动，宏观层级的社会系统或社会结构等。

这时，我们就可以将以下关键词列在笔记本开头：

1. 人类群体；

2. 社会行为；

3. 实证调查；

4. 批判分析；

5. 社会行动或人际互动；

6. 社会系统或社会结构。

我们在阅读时要关注与这些要点相关的内容,发现一个,就在书上做一个批注;读完一章,就整理一章的提要或导图。

继续读序言,我们会陆续发现与上述关键词对应的内容,并得到关于阅读方法的启发:

1.作者研究的"人类群体"是生活在"中国乡村社会"中的人们。

> 我借"乡村社会学"这讲台来追究中国乡村社会的特点。

> 尝试回答我自己提出的"作为中国基层社会的乡土社会究竟是个什么样的社会"这个问题。

2. 作者的研究是在"实证调查"的基础上进行"批判分析",是从"微观层级的社会行动或人际互动"中提炼出"宏观层级的社会系统或社会结构"。

> 这本小册子和我所写的《江村经济》《禄村农田》等调查报告性质不同。它不是一个具体社会的描写,而是从具体社会里提炼出的一些概念。这里讲的乡土中国,并不是具体的中国社会的素描,而是包含在具体的中国基层传统社会里的一种特具的体系,支配着社会生活的各个方面。

3. 作者的研究以"批判分析"为主，因此概念特别重要。

> 搞清楚我所谓乡土社会这个概念，就可以帮助我们去理解具体的中国社会。概念在这个意义上，是我们认识事物的工具。
>
> 这个概念的形成既然是从具体事物里提炼出来的，那就得不断地在具体事物里去核实，逐步减少误差。

以这样的方式读完序言，我们会发现：《乡土中国》全书主要讨论中国乡土社会的结构与特点；书中的概念很重要，理清概念有助于理解书中观点。

由此，我们就明确了阅读策略：关注书中重要概念，概括概念内涵，梳理概念之间的关系。简言之就是围绕概念的内涵与关系展开阅读，这是阅读此书的重要方法，也是阅读大多数学术类著作的必要策略。

提纲挈领,梳理内容与脉络

明确了阅读重点与策略后,就可以进入全书正文的阅读了。

这个阶段的阅读一般按照"批注—提要—图示—评论"的路径逐步推进,其中最重要的是第二步,即提要钩玄,提炼核心概念的内涵,梳理概念间关系,进而概括各章主要内容。以此为基础,通过图示梳理各章关系、把握全书脉络,进而深入思考,阐述个人见解。

以第一章《乡土本色》的阅读为例。首先边读边批注,圈出重点概念"土""礼俗社会""法理社会"等,并随时记录对概念及概念间关系的理解。

一章读完,我们可以概括出重要概念的内涵。"土"至少包含两个层次的内涵——以土地为重要生产资料的乡土经济,和以乡土经济为基础的乡土文化。二者既有区别又有联系,在具体的社会现象中是难以分割的。在"土"这个概念的基础上,作者又提出了"礼俗社会"和"法理社会"两个对立的概

念。前者是"一种并没有具体目的，只是因为在一起生长而发生的社会"，后者则是"为了要完成一件任务而结合的社会"。

第一章内容即可以此为基础进行概括，形成整章内容提要。《乡土中国》第一章《乡土本色》中，作者费孝通深刻剖析了中国社会的根基——"土"。他指出，"土"不仅象征着以土地为生产资料的农业经济，还孕育了独特的乡土文化。两者相辅相成，共同塑造了中国社会的乡土本色。基于此，作者提出了"礼俗社会"与"法理社会"的概念，并进行了对比。礼俗社会因一起生长而形成，缺乏明确目的，人际关系紧密而自然；而法理社会则为完成特定任务而构建，人际关系更为理性。这种对比揭示了乡土社会与现代社会在组织结构和人际交往上的本质差异。

与此同时，还要关注全书各章之间的联系。以前三章为例，在整理出各章提要后，我们会发现其内在关联：

1. 作者总是在"城—乡"（或"中—西"）二元对比中展开描述或解读。

2. 作者会在"城—乡"（或"中—西"）二元结构中提出一些概念进行对比，如"礼俗社会"和"法理社会"；也会提出一些内涵相近的概念，如"礼俗社会"和"面对面的社群"，"土"和"愚"。

3.作者会将上一章的结论当作下一章的引子,比如第二章的结论就成为第三章讨论的基础。

4.各章内容之间关系、脉络清晰,或总分,或并列,或层进。如第一章为总纲,领起全书;第二、三章分别从空间和时间阻隔角度分析文字难以下乡的深层原因。

梳理这些关联,对于我们深入理解作者观点和各章内容都会大有裨益。

总之,撰写提要,概括概念内涵,发现概念、篇章之间的关系,是阅读全书的核心环节。以此为基础,才有可能进行有价值的评价与探究。

探究拓展，思辨价值与歧见

在《重刊序言》中，作者反复强调，本书"所讲的观点完全是讨论性的，所提出的概念一般都没有经过琢磨，大胆朴素，因而离开所想反映的实际，常常不免有相当大的距离，不是失之片面，就是走了样"，"算不得是定稿，也不能说是完稿，只是一种尝试的记录罢了"。与此同时，作者还提醒读者："概念的形成既然是从具体事物里提炼出来的，那就得不断地在具体事物里去核实，逐步减少误差。"书中观点是"值得有人深入研究的，而且未始没有现实的意义"。

这些都提示我们：不要盲目接受书中观点，应将书中观点与现实生活对照思考，积极质疑思辨。这样的阅读，才是真正有价值的阅读。因此概括梳理全书内容后，需要进行下一阶段的阅读活动：探究拓展，思辨质疑，将阅读所得真正内化。

这一阶段至少有以下三条深入阅读的路径：

了解背景

作者所说的"实际"既有空间性,即"乡村",又有时间性,即"二十世纪三、四十年代"。作者在对"实际"进行描述或解读时,是紧扣空间性的,因为他所依靠的是"城—乡"二元对比结构,这使他时时不敢忘却"乡村"与"城市"的界限。但几十年后的我们并不熟悉当时的"实际",因此有必要更多地了解当时的背景,以便更加深入地理解作者提出的概念,以及对这些概念的解读。

补充事例

作者对一些现象的描述和概念的提炼点到即止,没有具体展开,这为我们的深入阅读留下了空间。以第二章为例,作者在解释为什么乡村没有文字的需要时,虽然举出不少例子,但仍然留有空白。我们可以循着这条路继续走,用我们身边的现象来印证或反驳作者的观点,这也是一种将理论运用于生活实践的方法。

定点探究

如果在补充事例的时候举出了反驳作者观点的例子,或者有更进一步的发现,就进入了深入探究的层次。比如作者在第一章中基于"礼俗社会"和"法理社会"的区别提出"信用"和"契约"的不同,不要说在作者所处的时代,即

使在当代，这个观点依然富有启发意义，感兴趣的读者如果沿着这条路径稍微向前走一走，进行定点探究，会有更丰富的发现。

不论经由怎样的路径，这一阶段阅读最理想的结果，是将探究过程中的散碎的发现与思考进行整理加工，形成一篇书评或读书报告，这才是真正的深入阅读。

※ ※ ※

阅读一本学术类著作，是一件并不轻松的事情。当我们经历了一次这样的主动阅读，就会发现：这是一件非常有价值的事情，它能够真正增进我们的理解力，最终促使我们实现精神与心灵的成长。正如《如何阅读一本书》所说的那样，"为获得资讯而阅读，与为增进理解而阅读，其间的差异不能以道里计"，"凭着你自己的心智活动努力阅读，从只有粗浅的了解推进到深入的体会，就像是自我的破茧而出"[1]。

> **延伸思考**
>
> 无论是学术著作还是文学作品，都有其特定的社会背景。然而时过境迁，我们为什么还要阅读这些书籍呢？它们对我们现在的生活和学习还有实际意义吗？

---

1. 艾德勒, 范多伦. 如何阅读一本书[M]. 北京：商务印书馆, 2004：11.

切己体察思在我

面对《乡土中国》这样的社会学经典，我们要勇于挑战自我，坦诚地面对作品，直面内心真实的疑问与困惑。当我们充分调动自身积累，将书中观点与现实生活、生命体验和阅读经验联系起来，让作品与自我碰撞，积极质疑思辨，我们才会收获真正有价值的阅读。

家国之思

在《重刊序言》中,费孝通先生强调书中"所讲的观点完全是讨论性的"。这样的表达,固然缘于费孝通先生严谨的治学态度与谦虚的士人风范,但也提示我们:不加思考、全盘接受不可取,时时切己体察、联系现实思辨才是负责任的阅读状态。以思辨的眼光、思辨的精神阅读《乡土中国》,就是要尊重自己的阅读感受,在真实的内心体验中映照书中观点;还要主动查阅资料,广泛搜求比较,寻找可以佐证的资料,正视相左的观点,丰富认知,收获新见。

以我之思看"家""国"

《差序格局》一章有这样的论述:"我们一旦明白这个能放能收、能伸能缩的社会范围,就可以明白中国传统社会中的私的问题了。我常常觉得:'中国传统社会里一个人为了自

己可以牺牲家，为了家可以牺牲党，为了党可以牺牲国，为了国可以牺牲天下。'这和……'身修而后家齐，家齐而后国治，国治而后天下平'在条理上是相通的，……这是种差序的推浪形式，把群己的界限弄成了相对性，也可以说是模糊两可了。"

读及此处时我们也许会产生困惑：为家而牺牲党，为党而牺牲国，这是乡土中国独有的情况，还是自古至今人类社会普遍存在的现象？这样的现象是中国传统社会差序格局的必然产物吗？

其实，牺牲人伦亲情还是牺牲国家大义，追随情感还是看重理性，这是人类社会始终存在的人性困境、两难选择，也是古今中外哲学、法学领域聚讼纷纭的话题。

两难问题的现实投射

这样的矛盾在我国传统社会固然存在，比如一方面"大义灭亲"的行为被赞美，另一方面《论语》中早有"父为子隐，子为父隐"的观点。当下社会生活中，也存在类似的两难选择，如2015年高考新课标全国Ⅰ卷作文题目所述现象：

因父亲总是在高速路上开车时接电话，家人屡劝不改，女大学生小陈迫于无奈，更出于生命安全的考虑，通过微博私信向警方举报了自己的父亲；警方查实后，依法对老陈进行了教育和处罚，并将这起举报发在官方微博上。此事赢得众多网友点赞，也引发一些质疑，经媒体报道后，激起了更大范围、更多角度的讨论。

对于小陈的做法，网友们观点分歧很大。有人认为她微博私信举报父亲，说明她敬畏规则，尊重生命。从"私"的角度，这是为自己、为家人的安全着想；从"公"的角度，是为行驶在高速上的其他人着想，是对公共伦理的维护，这样的"大义灭亲"值得称赞。也有人认为她举报父亲的方式欠妥，这种做法违背伦理，不近人情。她应以人伦亲情为重，遵循"子为父隐"的古训，设法劝阻父亲的不当行为，而不是通过举报的方式简单直接地处理；警方也不应该鼓励这种行为，将其公之于众。由此可见，家与国、情与理的两难选择确乎是跨越古今的。

文学小窗

父为子隐，子为父隐：指父亲为儿子隐藏劣迹，儿子为父亲隐瞒劣迹。出自《论语·子路》："叶公语孔子曰：'吾党有直躬者，其父攘羊，而子证之。'孔子

> 曰：'吾党之直者异于是。父为子隐，子为父隐，直在其中矣。'"现在两个词均为成语。
>
> 父子相隐：由孔子最早提出，孔子认为，父子之间应该互相隐瞒罪行，而不应该互相告发。这一主张是以家族为本位的宗法制度在司法方面的具体表现，也是后来封建法律允许亲属相隐的张本。

我们还可以从法律层面继续探究。《中华人民共和国刑事诉讼法》第188条规定被告人的近亲属可免于出庭做证：经人民法院通知，证人没有正当理由不出庭做证的，人民法院可以强制其到庭，但是被告人的配偶、父母、子女除外。这一法条展现出我国法律对人伦亲情与国家大义之间关系的新看法。法律制度深受中国儒家思想影响的日本、韩国也有亲亲相隐、容隐可减刑或免受刑罚的规定，《德国刑法典》规定：有利于其亲属而犯本罪(指藏匿罪)者，不处罚。[1] 可见亲亲相隐这种社会传统是中外皆认可的，并非独属于乡土中国。

至此，我们有理由追问：费孝通先生所述中国传统社会的家国选择与差序格局是否存在必然联系？

---

1. 缪军.近亲属不必出庭做证："亲亲相隐"理念的回归[N].检察日报，2012-05-18（3）．

若回顾历代仁人志士的人生追求，我们会发现，许多士人达到了"先天下之忧而忧，后天下之乐而乐"的崇高境界，他们有为国而牺牲自身的奉献精神、以天下为己任的使命感、以天下为家的家国情怀，以及舍我其谁的担当精神。这让我们不禁思考：费孝通先生所说传统社会中人们为家舍国的选择，究竟是特定个体的抉择，还是差序格局的内在机制使然？

伸缩之辨

生活中,我们要将生活现象与书中的观点关联起来,深入思辨。

"伸缩"与"双标"

《系维着私人的道德》一章有这样的论述:"中国的道德和法律,都因之(差序格局)得看所施的对象和'自己'的关系而加以程度上的伸缩。我见过不少痛骂贪污的朋友,遇到他的父亲贪污时,不但不骂,而且代他讳隐。更甚的,他还可以向父亲要贪污得来的钱,同时骂别人贪污。等到自己贪污时,还可以'能干'两字来自解。这在差序社会里可以不觉得是矛盾;因为在这种社会中,一切普遍的标准并不发生作用,一定要问清了,对象是谁,和自己是什么关系之后,才能决定拿出什么标准来。"

看到这段文字,我们不由想到近年来的网络流行语"双标"。出现这一流行语,说明行为标准"看所施的对象和'自己'的关系而加以程度上的伸缩"的现象在当下并不少见。今日中国已经步入现代法治社会,差序格局即使没有完全消失,其影响也已大大减小,何以道德标准伸缩的现象仍然常见?

差序格局与公私对立

因此有必要探讨,这种见利忘义、对己宽责人严的行为是全由差序格局造成的,还是没有真正践行儒家道德理念的结果?岳永逸指出:"对于公和私这个话题的处理,费孝通完全是基于中美、中英的比较,并以当时西方世界所倡导、标榜的'公'作为参照与标准的。这样,难免会在一定意义上忽略'公''私'这些概念在汉语世界的独特意涵……自古以来,汉字文化圈都是置'公'于高位,'公'不但是基本理念,更是文化和政治双重的美好理想。"[1] "对于承袭既往的近现代中国而言,公、私绝非其在西方世界一清二楚的对立关系。……差序格局'完全有可能成为一种具有普世意义的理

---

1. 岳永逸.乡土中国注解本[M].北京:中华书局,2020:28.

论概念'。"[1]

岳永逸的观点道出了中华传统文化的精神。最典型的例子就是《论语》，孔子反复提倡的"克己""修身""躬自厚而薄责于人""不义而富且贵，于我如浮云""见利思义"等观念已经成为传统社会士人普遍奉行的道德准则。只不过这些道德准则与标准主要指向个人层面的自律自省，缺乏有力的外在约束。现代社会除了有规范个人行为的道德标准，还有规范个人与群体关系的权利与义务标准。因此差序格局中群己界限模糊固然造成道德标准的伸缩变化，但恐怕不宜因此判定乡土社会缺少普遍的道德标准，只是人们未能自觉践行这标准罢了。

亚当·斯密在《道德情操论》中指出，道德情操的要义在于推己及人，大家在图利之时，应明白"人、我"与"群、己"的互利。这样的道德观与儒家"仁""恕"要旨相符，是否也可以从侧面说明乡土社会中儒家的道德准则并不缺少普遍意义？

如果我们将自我生命体验投入作品进行思辨，不断推进自己的认识，其间收获的乐趣便是真切、丰富的。

1.岳永逸.乡土中国注解本[M].北京：中华书局，2020：29.

延伸思考

《乡土中国·礼治秩序》开头提到："普通常有以'人治'和'法治'相对称，而且认为西洋是'法治'的社会，我们是'人治'的社会。"你是否认同这种说法呢？请试着切己体察，联系现实思考表达。

寻绎渊源逐流风

　　《乡土中国》这本出版于二十世纪四十年代末的社会学著作，甫一面世，即产生轰动效应，初版三千册刚上市即销售一空，此后半年不断加印，作者费孝通还登上了美国《时代周刊》，被称为"中国杰出的社会学教授和中国最深刻的政治评论家之一"。问世七十多年来，这本小书已成经典，声誉日隆。一本冷门学科的学术读物，何以产生如此广泛的影响力？让我们逼近作品，一起来探究。

追本溯源

一部作品的创作、流传情况，与其所处的社会、时代背景息息相关。

《乡土中国》与战火中的西南联大

《乡土中国》诞生的时代机缘与背景，也许是它具有广泛影响力的重要原因。

尽管作者费孝通一再强调，这本经典之作源于"在西南联大和云南大学所讲'乡村社会学'一课的内容"，并且将创作初衷归结为"最初我采用美国的教本作参考，觉得不很惬意……我决定另起炉灶，甚至暂时撇开经济问题，专从社会结构本身来发挥"，但西南联大这个在战火中缔造了教育奇迹的名字，让脱胎于联大课堂的《乡土中国》天然拥有无法掩盖的光彩。

1944年，费孝通结束为期一年的美国之行，回到抗战胜利前夜的大西南。此时距西南联大迁来昆明已有六年，一大批顶级学者在紧张的战事中贡献出一系列顶级学术成果——朱自清的《经典常谈》，钱穆的《国史大纲》，等等。这无疑是对西南联大校训"刚毅坚卓"最生动、最完美的诠释。

三十四岁年富力强的费孝通此时正处于自己研究生涯的全新阶段——"第二期工作是社会结构的分析，偏于通论性质，在理论上总结并开导实地研究"。秉承西南联大教育救国、学术自由、思想独立的传统，费孝通敢于也愿意放下西方理论，另起炉灶地研究、授课和著述。他谦虚地说"我是一面探索一面讲的，所讲的观点完全是讨论性的，所提出的概念一般都没有经过琢磨……不是失之片面，就是走了样"，体现了他实事求是的稳健学风。

可以说，这本来自西南联大课堂、作者另起炉灶探索学术新境而成的小书，承载着联大学者勤奋精进、治学报国的精神，因此注定在学术史上占有重要位置。

《乡土中国》与社会学中国学派

《乡土中国》是社会学中国学派的力作，这是它具有广泛影响力的根本原因。

费孝通是社会学中国学派的奠基人之一。李培林教授这样评价社会学中国学派："以认识国情和改造社会为主旨追求，把人类学的方法运用于具有悠久文明历史的中国的社会调查，注重对与经济相联系的社会组织和与文化相联系的社会非正式制度的分析。"[1]简言之，关注中国、解读中国、改造中国是这一学派的要旨，费孝通的一系列重要作品正体现着这样的学术追求。

《江村经济》成就了费孝通在社区研究方面无可争议的领军人物的学术地位，是他关注中国的里程碑式作品。《乡土中国》从社区个案研究转向分析社会结构的通论式研究，对"包含在具体的中国基层传统社会里的一种特具的体系"进行分析提炼，形成了对中国社会基本特征的深刻认识，成为解读中国的经典作品，具有后人难以望其项背的创新性。《乡土重建》对现代乡土经济现象进行概述与分析，提出乡土重建的具体方法及措施，展现了作者改造中国的热忱。

以《乡土中国》等作品为代表，费孝通的研究始终体现其关注中国、解读中国、改造中国的学术追求，以及"志在

---

1. 李培林. 20世纪上半叶社会学的"中国学派"[J]. 社会科学战线，2008，（12）：203.

富民"的学术价值观与知行合一的方法论,这也是社会学中国学派治学研究的重要特色。因此,《乡土中国》产生广泛影响力也与社会学中国学派务实的学术观及作品自身所具备的学术价值息息相关。

流风所及

《乡土中国》和文学的关联，入选中学语文教科书，是它具有广泛影响力的奇妙催化剂。

《乡土中国》与乡土文学

> **文学小窗**
>
> 乡土小说是指依靠回忆、重组来描写故乡农村的生活，并且带有浓厚乡土气息和地方色彩的小说。乡土小说起源于二十世纪二十年代，一批寓居北京、上海的作家，以自己熟悉的故乡风土人情为题材，旨在揭示宗法制度下乡镇的落后、农民的愚昧，并借以抒发自己的乡愁。代表人物有鲁迅、萧红、台静农等。

《乡土中国》中的"乡土"与乡土文学中的"乡土"其实

是两个不同的概念。前者是社会学概念，是基于生产方式，包含政治、文化等多种要素，以时间性为主的概念，最终会随着时代的发展而逐渐消亡；而后者是文学概念，是基于作者成长环境、作品故事背景，以空间性为主的概念，比如鲁迅笔下的鲁镇、沈从文笔下的湘西。二者只是由于研究或表现的对象在空间、时间上的巧合交错，而发生了奇妙的重叠。

费孝通研究乡土的目的是探索其社会结构特征与发展走向，同时代的文学家表现乡土的目的主要是追忆过往或批判其落后，只是由于二者同处一个时代，所面对的"乡土"有时间上的共性，而产生了可以相互参看的可能性。比如结合《乡土中国》阐释的礼治秩序、长老统治等概念，能够对鲁迅小说中人物的行为、命运与宗法制度的关系形成更深刻的理解。至于后世的乡土文学作品是否还能运用《乡土中国》中的理论来理解、阐释，那就要看传统乡土社会发展、嬗变的速度了。其实近年来已经有评论者提出了"后乡土中国"和"城乡中国"的概念。

不仅与《乡土中国》同时代的乡土文学作品可以完美运用这一社会学著作中的理论加以阐释；当代的乡土文学作品依然可以从《乡土中国》中找到有趣的呼应，比如铁凝的小说《哦，香雪》。

有理由相信，只要文学创作不放弃传统乡土社会这片土壤，《乡土中国》这本研究传统乡土社会的经典之作，就会和文学保持着紧密的联系。

《乡土中国》与中学语文教育

《乡土中国》入选中学语文教科书"整本书阅读"书目，它的影响也因此而更为持久、深远。

长期以来，我国中学语文教育存在重文学轻学术、重抒情轻思辨的倾向，随着《乡土中国》作为整本书阅读的指定作品入选统编版教材，这一状况有望得到改善。时代的发展和国民受教育程度的不断提高，要求现代社会的高中毕业生形成严谨的理性思维，并具备阅读、分析甚至写作学术文献的基本能力。《乡土中国》入选教材，体现的正是这样的时代要求。

《乡土中国》也是一部比较适合中学生阅读的学术类著作。它篇幅短小，只有六万余字，而且又分成十四篇相对独立的文章，每一篇都可以作为文化散文或随笔来读，不需要学生"一本正经"地去做研究，因此阅读时不会有太大的畏难情绪。它行文深入浅出，亲切平易，不堆砌艰深枯燥的术

语，而是注意将理论分析与日常生活经验对接，读来时时可生会意之趣。它擅长将古今中外哲学、社会学、文学诸领域的丰富材料融入严密深刻的分析之中，学生在阅读时会潜移默化地得到思想与文化教益。更重要的，这本小书的研究对象就是我们身处其中的中国社会，虽然当下我国社会结构已经发生了巨大变化，但是数千年乡土社会的巨大惯性在很多时候依然支配着我们的思想与行为，因此阅读本书是一个自我审视、自我发现的奇妙过程，也是深入理解中国社会与文化的过程。

可能正是由于这些特点，《乡土中国》得以进入语文教育工作者的视野，浙江、广东、重庆等地教师已经开发出相当成熟的《乡土中国》整本书阅读教学案例，其中屈伟忠、南银妮等人设计的案例颇有参考价值。

可以期待，随着高中语文统编版教材的使用，《乡土中国》这本社会学经典会转变为一部生动的教育学经典，成为一座蕴藏丰富的教育学"富矿"，更深远地滋养着读者。

> **延伸思考**
>
> 随着经济的发展和社会的进步，传统的乡土社会正在越来越快地远离我们。那么，《乡土中国》这本书还能够指导我们观察、分析、认识当代的中国社会吗？

宏微关照

经典背后的匠心

  与其理论价值与思想成就相比,《乡土中国》的写作特色与语言风格毫不逊色。或者说,此书出色的写作风格与深邃的思想相辅相成,思以文显,文助思明。本章的品赏也许并不全面,如费孝通先生所说只是"用自己有限的手掌去摸索我所要知道的对象",冀有所得,以此向费孝通先生的学术成就与研究态度致敬。

多样手法显宏旨

费孝通先生的《乡土中国》是中国社会学研究的扛鼎之作，全书对中国基层社会的主要特征进行了概述和分析，围绕"差序格局""礼治秩序"等核心概念，全面展现了中国基层社会的面貌。而作者对乡土社会主要特征的深刻洞察，是通过灵活多样的写作手法得以凸显的。因此，品赏全书写作特色，能更加深刻地领会主旨，理解费孝通先生对"作为中国基层社会的乡土社会究竟是个什么样的社会"这一问题给出的回答。

系统全面的对比阐述

"虽然是在写'乡土中国'，但费孝通始终有着国际比较的视野，这是基于他同时拥有的中西生活体验和对中西文化、文明的理解。"[1] 因此，系统而全面的对比论述是《乡土中国》

---

1. 岳永逸. 乡土中国注解本[M]. 北京：中华书局，2020：51.

全书贯穿始终的重要手法。在费孝通先生的观察与分析中，中与西、传统与现代、农村与城市，始终是相伴出现、彼此对照的，中国传统社会的结构格局与特点也正是在与西方现代社会的全面对比中得到了准确分析与深刻揭示。

书中最重要的基础性对比就是中西社会结构格局的对举分析。通过与西方社会"团体格局"的对比，费孝通先生提出了"差序格局"这样的中国社会学的原创概念，对中国乡土社会的结构作出了深刻而又富有创造性的分析。以此为基础，书中先后将中与西、传统与现代社会中的公私关系、家庭关系、情感定向、治理机制、统治权力、经济样态等进行了全面的对比分析，提出"小家族"与"家庭"、"阿波罗式"与"浮士德式"、"礼治"与"法治"、"教化权力"与"同意权力"、"血缘"与"地缘"、"欲望"与"需要"等一系列对举概念，中国传统社会的性质、结构与特点在系统的对比中得到了深刻阐释。

对比阐述的写作手法基于费孝通先生比较研究的方法。在《后记》中，费孝通先生对自己的社会学研究步骤进行了诠释，明确说道《乡土中国》"属于社区分析第二步的比较研究的范围"，"先得确立若干可以比较的类型，也就是依不同结构的原则分别确定它所形成的格式"。可见，全面且系统的对比分析是基于明确的学术研究规划的理性选择，是比较研究方法的充分体现。而且，费孝通先生求学之路的各个阶段都有大师教导，在社会学方面，他学术根基扎实，又深谙中国传统文化，因此得以自由穿行于中西文化之间，得以在国际比较的视野中对中国传统社会的性质、结构等进行全面深入的对比分析。在这样全面且深刻的对比中，我们也得以拓展视野，增强批判意识，进而积极思考中国乡土社会现代化的走向与可能的途径。

精妙恰切的取譬设喻

通过精妙恰切的譬喻展开论述，是《乡土中国》又一鲜明特色。在书中，费孝通先生以细致入微的观察力、敏锐深刻的洞察力，将要阐释的概念、要揭示的规律化作一个个形象直观的喻体，通过取譬设喻，化抽象为形象，化艰深为浅显，极大增强了全书的可读性和说服力。

最著名的是"水纹波浪"和"捆柴"譬喻。在《差序格局》一章，关于中国乡土社会的格局，作者说："我们的格局不是一捆一捆扎清楚的柴，而是好像把一块石头丢在水面上所发生的一圈圈推出去的波纹。每个人都是他社会影响所推出去

的圈子的中心。""在这里我们遇到了中国社会结构的基本特性了。我们儒家最考究的是人伦，伦是什么呢？我的解释就是从自己推出去的和自己发生社会关系的那一群人里所发生的一轮轮波纹的差序。"将"差序""伦"比作"一块石头丢在水面上所发生的一圈圈推出去的波纹"，生动直观地阐述了乡土社会中以己为核心的差序型人际关系。与此相对照，作者将西洋社会的"团体格局"比作"捆柴"，把每个人比作"每一根柴"，把不同的团体比作"捆""扎""把"，形象阐明了"团体格局"中个体与群体的关系。在这样两相对照的精妙譬喻中，我们能够迅速领会乡土社会结构格局的核心特征。

还有《无讼》一章，以"最理想的球赛是裁判员形同虚设"的譬喻来说明"乡土社会对于讼事的看法"，用球员对规则的熟谙、服从比喻乡土社会中民众对传统规则的服膺，把乡土社会调解诉讼的长老比作吹哨判罚的裁判，将越规的乡民比作打暗拳犯规的球员，将乡民逾矩令村子蒙羞比作队员犯规使球队名誉受影响。一整套彼此联系的譬喻生动恰切，而且来自人们熟悉的生活常识，非常形象地阐释了礼治秩序中教化权力、长老统治的特点。

书中这样的譬喻还有不少，如"宣泄出外的人，像是从老树上被风吹出去的种子","语言像是个社会定下的筛子",乡土社会中"每代的生活等于开映同一影片",等等。阅读中,我们时时与这样的妙喻相遇,无疑会收获更丰富的乐趣与智慧,得到更鲜活灵动的思想启迪。

旁征博引的论述风格

费孝通先生学贯中西,学养深厚。他中小学时期就阅读了大量古代典籍,打下了扎实的传统文化基础;后来又在燕京大学、清华大学、英国伦敦政治经济学院等名校求学,先后受到吴文藻、史禄国、潘光旦、马林诺夫斯基等大师教导,对西方社会学有广泛而深入的研究,对经济学、哲学等多个领域也多有涉猎。因此在《乡土中国》中,费孝通先生非常善于将蕴含丰富文化与思想的资料融入论述过程,形成了信手拈来、旁征博引的论述风格。

例如《乡土本色》一章中,"'学'是和陌生事物的最初接触,'习'是陶炼,'不亦说乎'是描写熟悉之后的亲密感觉",就是将《论语》中"学而时习之,不亦说乎?"一句悄然无痕地融入他对乡土社会特点的描述与思考之中,灵活转化为他自己的社会学表达。

这样的引述还有很多，如"推己及人""为政以德""克己复礼为仁"等儒家观点，"劣币驱逐良币""看不见的手""阿波罗式"与"浮士德式"等西方学说和概念。这些材料都自然而有力地支撑了作者对乡土社会结构特点的分析，使思想的阐述更加精准；同时扩展了此书的文化与思想容量，为儒家文化同其他文化对话创造了更大的空间和可能。

灵动丰富的散文笔法

对于《乡土中国》独特的风格，张冠生的评价可谓精当："《乡土中国》像是一幅中国农村社会的素描长卷，中国笔法，散点透视，工笔兼写意。作者驾轻就熟，顺手拈来百姓生活场景乃至细节，让深入的理论和学术思考接通读者的日常经验和感受……在学术思想和大众生活之间架起了沟通的桥梁。"[1] 虽然是一本学术类著作，但是《乡土中国》却以丰富灵动的散文笔法，成为耐读耐品的具有散文风格的社会学经典。

---

1. 张冠生.探寻一个好社会：费孝通说乡土中国[M].广西：广西师范大学出版社，2016：85.

> **文学小窗**
>
> 散文：狭义的散文是指区别于诗歌、小说、戏剧的一种文学体裁。散文讲究写真人、真事、真心、真情。散文是十分自由阔大的文体，其笔触可上天入地，纵横古今中外，取材广泛；散文讲究"形散神不散"，即语言和内容的安排自由随意，但中心要明确。
>
> 散文笔法指散文创作中采用的写作方法。典型的散文笔法包括：写意，指以简练的笔墨传神；延伸，指凭借想象和联想，围绕某人某事进行多方向的伸展；指点，指在行文时用议论的方式把自己的倾向表露出来，即作者直接站出来表白、亮相；兴波，指在文章中制造波澜，使文章产生感人的力量。

《乡土中国》使用了写意的散文笔法，对日常生活场景及人们的真实感受进行了简要生动的描绘。如《文字下乡》一章，先后描绘了乡下人在城里听到汽车喇叭的催促声慌了手脚、城里小姐在乡下冒充内行被哂笑、城里孩子与乡下孩子捉蚱蜢等场景，读来十分亲切有趣。我们会被这些鲜活的场景吸引，并自然而然地领悟出：一般人判断乡下人"愚"的标准有失公允。《无讼》一章生动刻画了乡村中，一户人家由于抽大烟引发父子冲突因而请长老调解纠纷的场景，使人如临其境，真切感受到乡土社会看重规矩、讲究教化的礼治氛围。《乡土

中国》就是这样，在人们熟悉的场景、故事中引入理性分析，将理性分析与日常生活经验结合，如同一本记录、描绘乡土社会生活风情的文化散文，读来亲切生动，意趣横生。

指点也是作者使用的一种典型的散文笔法。在《乡土中国》中，费孝通先生并未居高临下地进行评判，而是经常以"我"的视角去分析、评论。有时是以"我说""我想我们很可以说"坦诚表达观点，有时则直接将自身真实经历、切身感受引入论述过程，比如描绘自己久别家乡回来无法辨别电话里"我呀"的尴尬，小学时生活定型却被老师逼着记日记的苦恼，昆明乡下老太太指导自己治疗孩子口腔问题的经历，等等。这些真实经历与体验使作者不再只是一个隐身于文字之后的冷静的观察者、分析者，同时还是一位有情感、有温度的亲历者、论述者，勾起我们温暖的回忆，引领我们体悟生活的意义与趣味。

丰富的散文笔法使《乡土中国》的阅读不再只是理性的学术知识的获取，也成为一次亲切温暖的对传统文化生活的追寻与体验，令人回味、感动。

> **延伸思考**
>
> 结合之前的写作经验思考，《乡土中国》的写作手法对你写议论文有怎样的启发？

品其文，想见其为人

　　费孝通先生被誉为"文学圈外文章高手"，其代表作《乡土中国》在深厚的学术性与思想性之外，兼具独特的文学性。全书语言简洁严谨又亲切平易，生动诙谐又典雅古朴，深刻丰富的思想熔铸于通俗平实的论述中，炽烈执着的救国之心以理性客观之言道出，思想与表达完美融合，可读性很强。细细品读其文，我们能从中感受到费孝通先生诚恳的叙述态度、雍容的士人风范和作为中国知识分子的担当与情怀，收获语言、精神、思想、文化的多重滋养。

用词精准，表达严谨

　　作为学术类著作，首先要保证的当然是表达的准确严谨。《乡土中国》的语言不但简洁畅达，而且用词精准。费孝通先生特别注重辨析概念，而且在阐述概念时，他咬文嚼字，力

求精准。《乡土中国》一书虽使用了一些现成的社会学术语，但往往赋予其新的内涵；书中还创造性地提出了若干新的概念，如"差序格局""长老统治"等，其内涵需要明确。在书中，费孝通先生时刻不忘对关键概念的内涵进行界定，或反复对比辨析，或字斟句酌阐释词义，以确保精准阐述观点，澄清误解，从中我们可以感受到费孝通先生深刻的思想，和对治学、写文章的严谨态度。

最典型的例子是《家族》一章。本章对乡土社会中是否存在"团体"进行了解释，并介绍了"团体"与"社会圈子"的区别与联系。随后文章对"大家庭""小家庭""大家族""小家族"等概念进行了详细的辨析，进而指出宜使用"小家族"来描述乡土社会中的基本社群，"小家族和大家族在结构原则上是相同的，不相同是在数量、在大小上"，"一字的相差，却说明了这社群的结构性质"，"家族在结构上包括家庭；最小的家族也可以等于家庭"。此章全文都在对比中进行周密严谨的概念辨析，避免概念混淆。

类似的例子还有很多，对于书中的关键概念，费孝通先生大都通过对比进行精准的概念阐释。如区别"法治"与"人治"，"法治其实是'人依法而治'，并非没有人的因素"，"所谓人治和法治之别，不在人和法这两个字上，而是在维持秩序时所用的力量，和所根据的规范的性质"。如"礼"的概念内涵的阐释，"礼是社会公认合式的行为规范"，"如果单从行为规范一点说，本和法律无异，法律也是一种行为规范。礼和法不相同的地方是维持规范的力量"。又如《长老统治》一章对比了文化和政治："凡是被社会不成问题地加以接受的规范，是文化性的；当一个社会还没有共同接受一套规范，各种意见纷呈，求取临时解决办法的活动是政治。"

不仅如此，费孝通先生还会咬文嚼字地对所用词语的含义进行精确的阐释，以保证论述的准确性。《文字下乡》一章中，关于"乡下人的愚"，费孝通先生在对比了乡下孩子和教授的孩子识字和捉蚱蜢的表现后，指出"乡村工作的朋友们说乡下人愚，显然不是指他们智力不及人，而是说他们知识不及人了"，"至多是说，乡下人在城市生活所需的知识上是不及城市里人多"，对"愚"的内涵进行了准确限定，澄清了一般人的错误认识。又如《差序格局》一章，在论述中国与西洋社会中"家庭"一词含义的不同时，指出"家庭在西洋是一种界限分明的团体。……在英美，家庭包括他和他的妻以及未成年的孩子。……在我们中国'阖第光临'虽则常见，但是很少人能说得出这个'第'字究竟应当包括些什么人"，解释了"家庭"一词在不同环境下的含义，为下文阐释乡土

社会中家庭的差序格局特点打下了基础。还有此章的"伦"、《系维着私人的道德》一章的"忠"等词，费孝通先生都对其含义进行了必要的解释。

概念的辨析、词义的阐释大大增强了《乡土中国》一书内容的准确性、逻辑性、深刻性，确保了其作为学术类著作的严谨性、学术性、科学性。

语言平易亲切，生动诙谐

尽管有着很强的学术性，但《乡土中国》读来并不枯燥晦涩，费孝通先生"让学术著述放下了端着面孔的架势，避开了高头讲章式的自命不凡，回归生动活泼、亲切宜人的境界"[1]。费孝通先生以亲切平易、生动形象且不乏诙谐的语言风格，大大拉近了冷僻的社会学研究与普通民众的认知、心理与情感的距离，造就了一本社会学领域的畅销书。

亲切平易首先得益于语言与材料的通俗易懂。费孝通先生不堆砌艰深的社会学术语，而是尽量采用平实的语言，特别是大众熟悉的口语、俗语，引述日常生活场景、风俗习惯，

---

1. 张冠生.探寻一个好社会：费孝通说乡土中国[M].广西：广西师范大学出版社，2016：85.

来帮助读者理解。如《乡土本色》一章，用"土气""土头土脑的乡下人""拖泥带水下田讨生活""向土里一钻，看不到其他利用这片地的方法了""附着在土上的"等词句说明中国传统社会乡土性的特点，"土头土脑""拖""钻"等带有口语化色彩的词语形象描述了人与土地的密切关系。如用"各人自扫门前雪，莫管他人屋上霜"说明乡土社会人们"私"的特点，用"一表三千里"形容差序格局中的亲属关系，用"人怕出名猪怕壮"说明生活在定型生活中的人的心理，都是引用大众熟悉的俗语来展开论述。又如《差序格局》一章以民间办红白喜事的风俗为例说明乡土社会中"街坊"的性质，《无讼》一章通过乡下请乡绅主持调解集会说明乡土社会"无讼"的特点，是借人们熟悉的生活场景或风俗习惯来呈现对乡土社会特点的观察与分析。语言的通俗易懂、日常生活场景与风俗的引述，有效降低了阅读难度，拉近了该书与读者的认知与情感距离。

　　亲切平易还得益于论述视角的选择。在本书中，作者不是高高在上地评价，而是时时以"我"或者"我们"的视角展开论述。有时，作为观察者、研究者的作者——"我"直接出现，书中随处可见的"我说""我想我们很可以说""我心里总难甘服"等是作者在坦诚表达观点，"我记起了疏散在

乡下时的事来""我记得在小学里读书时"等则直接将自身经历、切身感受引入论述过程，拉近了与读者的距离，读来倍感亲切。有时，作者化身为乡土社会群体的一分子，以"我们"视角阐述大众的心理、立场，如"乡土社会里所养成的习惯还是支配着我们""我们'眉目传情'，我们'指石相证'""在定型生活中长大的有着深入生理基础的习惯帮着我们'日出而起，日入而息'的工作节奏"，这些语句中的"我们"视角使论述充满同理心，令读者感同身受，产生共鸣。此外，书中还偶尔会出现"你"视角，如《文字下乡》一章"你得用声气辨人"，《从欲望到需要》一章"你在远处看，每天人都在吃淀粉、脂肪"，用"你"视角将读者带入现场进行观察与思考，仿佛直接与读者对话，读来更觉亲切自然。

　　书中时时出现的形象譬喻与诙谐妙语，则使《乡土中国》的语言生动活泼，充满魅力。费孝通先生很擅长用巧妙的譬喻使论述形象化，除了著名的"水纹波浪"譬喻，还以"开映同一影片"比喻乡土社会生活缺少变化，以"从老树上被风吹出去的种子"比喻乡村人口饱和后被迫外出另辟新地的人，以"投影"比喻乡土社会"当前"与"过去"的文化传承关系，等等，都使论述更加生动直观，便于理解。费孝通先生的风趣妙语增加了文章的趣味性，如《文字下乡》一章描述城里小姐不认得包谷却冒充内行时，旁边的乡下朋友"微微地一笑，也不妨译作'笨蛋'"；《再论文字下乡》一章回忆定型生活里小学生记日记的苦恼，写道"老师下令不准'同上'，小学生们只有扯谎了"；《长老统治》一章举"用筷子夹豆腐，穿了高跟鞋跳舞不践别人的脚"的例子说明乡土社会中有些规律需要强制学习，等等。这些语句充满了令人会心一笑的幽默感，使读者仿佛能够看到文字背后那位风趣诙谐又亲切包容的睿智学者，进而喜爱、信服其思想。

平易生动的语言风格大大增强了《乡土中国》的可读性，使这部具有重要学术价值的社会学经典得以走近社会大众，真正发挥出经典的价值。

语言古朴典雅，隐含诗意

古朴典雅是《乡土中国》语言的另一重要特色。全书于行文中自然融入文言词语、句法及诗化意象等，使表达准确精当又典雅古朴，隐含诗意，读来余韵悠长，令人回味。以下试举几例略析。

《乡土本色》一章，以"生于斯、死于斯的社会""终老是乡""在一个熟悉的社会中，我们会得到从心所欲而不逾规

矩的自由"等词句描述乡土社会的特点;《礼治秩序》一章,用"不分秦汉,代代如是的环境""不但可以信任自己的经验,而且同样可以信任若祖若父的经验"来说明乡土社会中传统与经验的价值。这些语句中,"斯""是""若""从心所欲而不逾规矩"等文言词汇和短语的使用不但令表达简洁准确,更增添了语言的古雅韵味,与乡土社会的古朴气质相协调,使人恍若能够呼吸到中国传统社会生活的古老气息。

《乡土本色》一章还有一例:"农业和游牧或工业不同,它是直接取资于土地的。游牧的人可以逐水草而居,飘忽无定;做工业的人可以择地而居,迁移无碍。"第二句话句式、用语均形成对称,颇有古代骈文的风范;"飘忽无定""迁移无碍"生动描绘出游牧与工业文明中人的自由状态,有文化底蕴的读者还会联想到"居世若浮云,飘忽无定姿""走马兰台类转蓬"等诗句,从中品出文章本意之外的悲凉意绪。《长老统治》一章,"生死无常,人寿有限;从个人说这个世界不过是个逆旅,寄寓于此的这一阵子,久暂相差不远",两个四字短句对应整齐,顿挫有序;"久暂"化用文言词语,使表达简洁古雅;"逆旅"意象来自李白的名句"夫天地者,万物之逆旅也;光阴者,百代之过客也",蕴含着跨越千年的诗意,读来有人生短暂、人世沧桑之感。两处例子中,文言词语、骈文句法、诗意意象均与作者思想的表达水乳交融，读之有余味。

《文字下乡》一章，"我们'眉目传情'，我们'指石相证'，我们抛开了比较间接的象征原料，而求更直接的会意了"，句式相同的短句与"我们"的重复形成一种抒情意味，为乡土社会中传情达意的方式染上一层诗意色彩，流露出对乡土社会传统交流方式的隐隐的向往与喜爱之情。《再论文字下乡》一章，"极端的乡土社会是老子所理想的社会，'鸡犬相闻，老死不相往来'。不但个人不常抛井离乡，而且每个人住的地方常是他的父母之邦"，"抛井离乡""父母之邦"自然押韵，引用的"鸡犬相闻"营造了乡土社会生活宁谧安详的氛围，"父母之邦"给人以游子思乡、眷恋故土的温暖联想。

以上只是略举几例，书中这样古朴典雅、富有诗意的表达还有很多，从中可见费孝通先生浓郁的文化情怀与深厚的国学功底。阅读《乡土中国》，我们在得到思想启迪的同时，还享受到典雅纯正的语言与文化滋养、深远绵长的情感熏陶，感受到饱含诗意的审美境界。

资源整合

渊识荟萃启智慧

自问世至今七十余年,《乡土中国》历久而弥新,其思想价值、艺术成就、现实意义等一直被称道。学者的研究阐释、学校的测试评价,成为阅读此书的重要参照,择其精华,览读一番,大有裨益。

百家争鸣

关于费孝通

我一生只写了两篇文章,一篇是"农村",一篇是"民族"。

——费孝通

我本是个教书先生,没有钱,又没有权,怎么能去富民呢?那就只能靠我这脑瓜子里的智力来为富民事业想办法,出主意,这也就是我所谓的"学术"。至于我所谓的"学术"属于通常所标明的哪一门、哪一科,我觉得无关宏旨;称之为社会学也好,称之为人类学也好,反正我只学会这一套。这一套是否够格称学术,我想还得看它是否抵用,能不能富民为断。

——费孝通《我的第二次学术生命》

费博士是中国的一个年轻爱国者,他不仅充分感觉到中

国目前的悲剧，而且还注意到更大的问题：他的伟大祖国，进退维谷，是西方化还是灭亡？既然是一个人类学者，他毕竟懂得，再适应的过程是何等的困难。他懂得，这一过程必须逐步地、缓慢地、机智地建立在旧的基础之上。他深切地关注到，这一切改变应是有计划的，而计划又须是以坚实的事实和知识为基础的。

——马林诺夫斯基《江村经济·序》

费老孝通同志是一位受人敬重的学者。……更值得推荐的是他的治学方法。他彻底抛弃锁在书斋里讲道理的方法，坚持到现场去，到实践洪流里去蹲点调查，坚持把所见所闻如实记录下来……给社会学这门学科注入新的生命力，也为国家解决当前迫切的建设课题提供科学基础。

——杜润生《小城镇四记·序》

他于暮年时依旧选择"秀才"为自己的最后身份；他一生都在走着自己开拓的"江村经济之路"；他的一生"充满传统士人的忧患情怀，但又是一个现代型的知识分子"。后人评他："终生踏遍青山，常将民生萦怀。"

——三联书店编辑部《〈民主·宪法·人权〉前言》

正是因为费孝通一生都在用心思考人性、至善这些基本话题，他也才成为有着大关怀、大担当和大贡献的学者和社会活动家。"少年早慧，青年成名，中年成器，盛年成'鬼'，晚年成仁，暮年得道"的费孝通，不乏浪漫气质，渴望立言、立功、立德又信守实证主义的他，从学术的角度入世，又是一个尚自在的知识分子与书生。

——岳永逸《乡土中国注解本·导读》

关于《乡土中国》

  《乡土中国》是费孝通先生在社区研究的基础上从宏观角度探讨中国社会结构的著作，分别从乡村社区、文化传递、家族制度、道德观念、权力结构、社会规范、社会变迁等各方面分析、解剖了中国乡土社会的结构及其本色。著名的"差序格局"等有中国风格的社会学理论，就是在这本书中提出和论证的。《乡土中国》是社区研究的一部比较成熟之作，代表了费孝通先生早期社会学研究生涯中的一个重要转折点，即从实地的社区研究转变为社会结构的分析。费孝通先生所从事的这项工作，在当时的中国社会学界，是有开创性的。

——郑杭生《费孝通对中国社会学的巨大贡献》

  中国基层传统社会里的这种特具的体系，也就是特具的社会结构，它是社会学研究的核心领域。社会结构格局的差

别，将引起差序格局、道德观念、社会秩序、社会制度、权力类别等等的不同。若是将中国社会结构剖析透了，对中国社会的性质、特征、变迁和人们的彼此关系、人际互动与生活方式等等也就易于理解了。

——刘豪兴《乡土中国修订本·编后语》

费先生在《乡土中国》、《生育制度》等早期著作中提出的"差序格局"，所议论的"文字下乡"、"长老政治"、"无讼"、"男女有别"、"稳定的三角"等，反映了费先生学贯中西的深厚功底和发展中国社会学的勇气。他是中国社会学的天才，将我国社会学的理论推向高峰。

——王思斌《费孝通：践行"钱学森之问"》

费孝通《乡土中国》的写作有着广深的学术背景，《乡土中国》是费孝通对中国进行社会结构分析的尝试，他试图在理论上总结并开导实地研究，以构建中国社会特有的乡土伦理体系。如果说《江村经济》侧重讨论社会制度变革，那么《乡土中国》则在探讨与之相匹配的社会道德。

——王铭铭，杨清媚《费孝通与〈乡土中国〉》

费先生的一生著述，是一笔特殊遗产。对乡土中国的观察和描述，不是隔靴搔痒，而是深入骨髓；对美好社会的探寻，不是纸上谈兵，而是躬身实践。每个期待身处好社会、过上好日子的读者，都不妨读读费先生明白晓畅的文字。多听费先生说话，能更多读懂吾国吾民，自己的寻常日子也会更有意味。

…………

费先生的讲法和写法，是"以中国的事实来说明乡土社会的特性"。于是，我们看到《乡土中国》像是一幅中国农村社会的素描长卷，中国笔法，散点透视，工笔兼写意。作者驾轻就熟，顺手拈来百姓生活场景乃至细节，让深入的理论和学术思考接通读者的日常经验和感受。

——张冠生《探寻一个好社会：费孝通说乡土中国》

《乡土中国》留给我非常深刻、难以磨灭的记忆。此书激发起我对十几年乡村生活点点滴滴的回忆，如同知心朋友拉家常，句句都说到我的心坎里了。这让我一下子明白了很多原来想不通的事情，也注意到了原来不曾留意的乡村现象，因为以前是见怪不怪。

——陈心想《走出乡土：对话费孝通〈乡土中国〉·前言》

费先生研究"乡土中国"，目的不是仅在于对"乡土中国"的理论解释，而更注意到如何将以传统农业为基础的农村，转化为以工商为副业，以重建中国已经凋敝的农村。所以，他另外一本大著就是《乡土重建》。他的自我期许是为了

替中国农村社会的转型做一番设计。

——许倬云《"走出乡土"之后怎么办》

关于阅读

读《乡土中国》一般都会对其中大量民俗调查案例感兴趣，但不要满足于"猎奇"，还应当注意观察作者是如何"处理"这些材料的。费孝通的"拿手好戏"是筛选案例材料，提炼为可以印证乡村社区结构特征的"现象"，并和其他不同"文化格式"进行比较，以凸显乡土中国的特殊性。材料一经筛选提炼，典型性和代表性凸显，就往"现象级"提升，以便进入理论分析的层次。该书非常巧妙地、不露痕迹地吸收融合政治学、经济学和文化人类学等相关学科的方法，具有很高的理论站位和厚重的学术分量，而一切都是那样自然，没有任何理论的炫耀。

——温儒敏《年轻时有意识读些"深"一点的书——费孝通〈乡土中国〉导读》

在（现代）这个信息社会，精神性的病变、隐患还存在增多的趋势，我们似乎继续在"陌生人社会"的征途上高歌猛进。这时，费孝通辨析出的"熟人社会"面对面（face to face）而全息互现的交流方式，就有了重要意义。事实上，多陪陪父母、家人、朋友，不仅是时代的呼声，还是对因为"先进"的电子技术普及而加速的"陌生化社会"的一种委婉批评。因此，如果在细读《乡土中国》之后，能激发出探知当代中国与世界的热情，并转化为调研当下的生活方式以及因之生成的文化与习惯的行动，更有效地增强个体的表达能力、交际能力，促进社会的良性运行、协调发展，进而适应国内和国际发展需要，应该才是阅读《乡土中国》最大的价值与意义所在。

——岳永逸《乡土中国注解本·导读》

观点碰撞

费的根据（指《文字下乡》中观点：文字下乡难是因为乡下人不需要文字）出自一个小时空，而《乡土中国》虽为小书，却意在概括一个大时空的特征。书名即可证明。乡土当为中国空间之大半；作者未设定时限，就是说他要概括漫长历史中延续、积淀成的乡土社会特征。内容更可证明：差序格局、礼治、无讼、长老、名实分离，均为大时空的乡土社会的特征之概括。不幸，20世纪30年代江村的那个小时空

中文字与教育的衰微，未必反映大时空的特征。此前不是如此，此后的情况亦不同。

——郑也夫《隔代一书谈，回首百年身》

试题及参考答案

《乡土中国》入选教材后也进入考试范围,试题类型丰富,考查内容全面,包括文本理解、思维能力、文化素养等方面。有兴趣的读者可以收集典型试题,来检验自己阅读《乡土中国》的成果。

1.2024年天津市模拟预测试题

《乡土中国》一书,对中国社会传统的"礼治秩序"进行了详尽的分析,请你使用这一观点对《红楼梦》中的某一情节进行分析。要求:阐明"礼治秩序"的相关原则,并列举《红楼梦》中的具体情节加以阐述。

答题思路

本题考查学生对经典名著基本内容、主要观点的整体把握能力。

通过"林黛玉进贾府"这一情节,我们可以清晰地看到贾府中复杂而严格的礼治秩序,每个人的行为和言语都受到其制

约和规范。

林黛玉的谨小慎微，反映出她深知贾府是大户人家，礼治秩序森严，自己作为外来的晚辈，必须谨守规矩，以符合自己的身份和所处的环境。

贾母的言语和态度，体现了她作为家族中最尊贵的长辈的地位和权威，同时她对黛玉的关怀也体现了长辈对晚辈的慈爱，这是礼治秩序中长幼有序的表现。

王熙凤的张扬与众人的恭谨形成对比，说明在礼治秩序下，不同身份和性格的人会有不同的行为方式，但都应在一定的框架内。即使王熙凤泼辣能干，她的行为举止也要与其在家族中的地位相匹配，不能违反礼仪规范。

两位舅舅虽未露面，但通过一系列的安排和传话，依然体现了晚辈拜见长辈时长辈应有的礼数，即使舅舅不在场，礼也不能省，进一步强调了礼治秩序的无处不在和严格规范。

答案

礼治秩序的原则：礼治秩序强调社会中的人应依据长幼尊卑、亲疏远近等关系来规范自己的行为和言语，遵循各种既定的礼仪和规矩。

《红楼梦》"林黛玉进贾府"情节中尽管人物的言行不同，但他们都遵循了礼治秩序的要求。林黛玉初进贾府，"步步留心，时时在意，不肯轻易多说一句话，多行一步路，惟恐被人耻笑了他去"，她的谨慎小心正是对贾府严格的礼治秩序的适应。见到贾母，黛玉连忙拜见，贾母"一把搂入怀中，心肝儿肉叫着大哭起来"，之后吩咐人告诉姑娘们今日不必上学，让她们前来会客，体现了贾母作为长辈的慈爱和权威。王熙凤出场时，众人敛声屏气，恭肃严整，而王熙凤却高声笑语，这既显示了她在贾府的特殊地位，也从侧面反映出贾府中不同身份地位之人在礼治秩序中的不同表现。黛玉拜见两位舅舅时，虽然舅舅未出面相见，但礼数周全，从下人的传话和屋内的布置，都能感受到长幼尊卑的严格秩序。

2.2024年天津市南开一模试题

阅读《乡土中国》中的两段话，回答问题。

假如在一个村子里的人都是这样的话，在人和人的关系上也就发生了一种特色，每个孩子都是在人家眼中看着长大的，在孩子眼里周围的人也是从小就看惯的。这是一个"熟悉"的社会，没有陌生人的社会。

西洋的商人到现在还时常说中国人的信用是天生的。类于神话的故事真多：说是某人接到了大批瓷器，还是他祖父在中国时订的货，一文不要地交了出来，还说着许多不能及早寄出的抱歉话。

语段中，国人生活在一个"熟悉"的社会，没有陌生人的社会，请根据以上材料分析，这样的乡土社会有什么特点？

答题思路

本题考查学生分析概括文段信息的能力。

结合"这是一个'熟悉'的社会，没有陌生人的社会"可知，他们生活在一个"熟人社会"中，常态的生活是终老是乡。

"每个孩子都是在人家眼中看着长大的，在孩子眼里周围的人也是从小就看惯的"，这种社会是基于亲密关系和长期共同生活形成的社会网络，其成员之间彼此熟悉，生活上互相合作的人都是天天见面的，平素所接触的是生而与俱的人物。因为彼此熟悉，从熟悉得到信任，所以人们之间就讲信用，遵守基于习俗的行为规范，这一点在和人做买卖时体现为重承诺，守信用，因此"西洋的商人到现在还时常说中国人的信用是天生的"。

答案

示例1：他们生活在一个熟人社会中，这种社会是基于亲密关系和长期共同生活形成的社会网络，其成员之间彼此熟悉，从熟悉得到信任，人们遵守基于习俗的行为规范，在乡土社会中，法律是无从发生的。

示例2：语段中的国人生活在一个熟人社会中，常态的生活是终老是乡。他们在熟人里长大，生活上互相合作的人都是天天见面的，平素所接触的是生而与俱的人物。乡土社会里从熟悉得到信任，乡土社会的信用不是对契约的重视，而是发生于对一种行为的规矩熟悉到不假思索时的可靠性。

3.2023年—2024年天津市静海区高三上阶段练习

在费孝通的《乡土中国》中，费孝通将中国社会的基层定义为乡土性的，其特点为：（1）"乡人离不开泥土"；（2）"不流动性"；（3）"熟人社会"。所以，乡土社会是个熟人之间的社会，这才有了"从心所欲不逾矩"的自由。请你阅读以下这首小诗，用《乡土中国》中"乡土本色"的有关知识赏析这首小诗，字数要求100—130字。

三代

臧克家

孩子

在土里洗澡；

爸爸

在土里流汗；

爷爷

在土里葬埋。

答题思路

本题考查学生对经典名著基本内容的整体把握能力和评价诗歌思想内容的能力。

诗人用"孩子""爸爸""爷爷"三个称呼强调祖孙"三代"的农民与土地的关系，传统社会的农民牢牢地粘在那巴掌大的土地上，尽管日月穿梭，四季更替，但他们对土地的执着追求始终不变。

《乡土中国》中说"乡下人离不了泥土，因为在乡下住，种地是最普通的谋生办法"，"'土'是他们的命根。在数量上占着最高地位的神，无疑的是'土地'"，"以农为生的人，世代定居是常态"，"大体上说来，血缘社会是稳定的，缺乏变动"，据此分析可知，本诗中描写的祖孙三代同泥土的关系，体现了中国人的乡土气息，这是中国传统社会中一代代农民生存境遇的缩影，表明农民依赖土地生存的生产生活方式固定不变，代代相传。

答案

这首小诗直观形象地阐释了中国人的乡土气息。土地是农民生存最基本的物质保障，农民对土地始终充满依赖。诗中三代人世代以土地为生，从生到死，一直没有离开土地。生时取食于这片土地，死后也要埋于黄土之下。整首诗歌刻画出了农村三代人的形象，折射出中国传统社会农民的生活和命运。

4.2023年—2024年广东省广州市高一下期末试题

《乡土中国》整本书阅读理解：阅读下面的文字，完成后面的题目。

叶公语孔子曰："吾党有直躬者，其父攘羊，而子证之。"孔子曰："吾党之直者异于是：父为子隐，子为父隐，直在其中矣。"（《论语·子路》）

孔子面对叶公所说的儿子举报父亲偷羊的举动，不仅不认可，还认为是不对的。

请结合《乡土中国》中"差序格局""私人的道德"等内容分析为什么孔子对儿子举报父亲偷羊的行为持反对态度。

答题思路

本题考查学生对经典名著基本内容、主要观点的整体把握能力。

解答此题，首先要了解费孝通先生《乡土中国》一书中"差序格局"和"私人的道德"这两个概念的基本含义。"差序格局"指的是中国乡土社会人际关系的一种模式，以个人为中心向外辐射形成一圈圈波纹状的社会关系网络。在这个网络中，亲疏远近决定了人们之间的义务和权利，越亲近的人则享

有越多的权利和义务。"私人的道德"指在差序格局的影响下，人们的道德观念并不是以社会公众利益为标准，而是以个人为中心，根据与他人关系的亲疏来决定自己的行为准则。

然后我们用这些概念来分析孔子对儿子举报父亲偷羊行为的态度。从差序格局角度看，在孔子看来，家庭是最基本的社会单位，家庭成员之间的关系构成了最内层的差序格局。在这个格局中，父子之间的义务和权利是非常明确的，儿子有义务维护父亲的尊严和利益，而父亲也有责任保护和支持儿子。当儿子举报父亲时，他破坏了家庭内部的和谐与信任，这种行为被视为违背了父子间最基本的社会契约。从私人的道德角度看，一个人的行为是否正确取决于他对周围人的责任和义务。在孔子看来，材料中儿子的行为首先违反了对家庭成员的基本道德义务。孔子强调的是一种私人的道德，即个人在处理与他人的关系时，应该优先考虑与自己关系最密切的人的利益。

因此，孔子认为在这种情况下，儿子应该选择隐瞒父亲的过错，而不是将其公之于众。

答案

（1）差序格局视角：在孔子看来，家庭成员之间的关系构成了最内层的差序格局。在这个格局中，父子之间的义务和权利是非常明确的，儿子有义务维护父亲的尊严和利益，而父亲也有责任保护和支持儿子。

（2）私人的道德视角：一个人的行为是否正确取决于他对周围人的责任和义务。儿子的做法在孔子看来，违反了对家庭成员的基本道德义务。

5.2023年—2024年天津市高二下期中考试试题

《乡土中国》和《红楼梦》存在"互释"的可能。以下核心观点与主要情节之间不可以"互释"的两项是（　　）

A.识不识字并非愚的标准。——王熙凤治家

B.维持礼治秩序的理想手段是教化。——贾母调停贾琏和凤姐之间的家庭矛盾

C.家的性质是族。——荣宁二府共庆元宵节

D.乡土社会需要阿波罗式情感来稳定社会结构。——黛玉宝玉木石前盟

E.横暴权力是指通过暴力手段取得对屈服者的支配权。——宝玉挨打

答题思路

本题考查学生对经典名著基本内容、主要观点的整体把握能力。

A.识不识字并非愚的标准，是说愚或者不愚不能靠识不识字来判断；王熙凤治家，是说王熙凤把荣国府管理得很好，她

虽然不识几个字，但聪明能干，治家能力强，因此愚笨与否与她识不识字没有关系。可以"互释"。

B.贾母调停贾琏和凤姐之间的家庭矛盾，体现的是《无讼》中的"维持礼治秩序的理想手段是教化"。可以"互释"。

C.家的性质是族，是说家的结构是族，由同一父系的同一家族组成；荣宁二府共庆元宵节，是说荣宁二府是同一家族。可以"互释"。

D.乡土社会需要阿波罗式的情感，是说乡土社会需要的是稳定的情感；黛玉宝玉木石前盟是矛盾下的爱情悲剧，属于浮士德式的情感。

E."横暴权力"是压迫性质的，在社会冲突中发生；宝玉挨父亲打，体现的是长老权力或教化权力。

根据以上分析可知，DE两项不可以"互释"。

答案

DE

6.2023年云南省高二学业考试试题

结合《乡土中国》整本书阅读，完成下题。

《乡土中国·差序格局》写道："像贾家的大观园里，可以住着姑表林黛玉，姨表薛宝钗，后来更多了，什么宝琴、岫烟，凡是拉得上亲戚的，都包容得下。可是势力一变，树倒猢狲散,缩成一小团。"这里以《红楼梦》为例子,不能说明下列哪个概念?

A. 差序格局

B. 团体格局

C. 我国儒家的人伦

D. 中国社会结构的基本特性

答题思路

本题考查学生对名著内容的理解和运用能力。

由"可是势力一变,树倒猢狲散,缩成一小团"可见,这个圈子具有伸缩性,体现出中国传统社会结构的基本特征,即差序格局;"我国儒家的人伦"中的"伦"就是差序的意思;"团体格局"不同于中国乡土社会的"差序格局",它是西洋社会的产物,故选 B。

答案

B

7.2023 年天津市普通高等学校招生全国统一考试试题

在城镇化发展的今天,阅读《乡土中国》有哪些作用?请给出 2 条阅读理由。

答题思路

本题考查学生对经典名著基本内容、主旨或观点的整体把

握能力。

题目要求给出城镇化发展的今天我们阅读《乡土中国》的2条理由,作答时要注意结合"城镇化发展"的时代特点,从《乡土中国》的内容、思想理论,以及在当代城镇化发展中得到的启示等方面解答。阐述时注意要运用书中的专门用语,如差序格局、乡土本色、男女有别、礼治秩序、家族等。

比如:中国乡土社会的基层结构是差序格局,是一个由一根根私人联系所构成的网络。个人是这个富于伸缩的网络的中心,不同的关系使人们在待人处事上是有差别的,人情是维系人与人之间关系的重要因素,因此道德和法律,都因之得看所施的对象和"自己"的关系而加以程度上的伸缩,一切普遍的标准和约束也就难以发生作用。时至今日,我们依然可以在生活中看到私人的道德对人们的影响,比如私人情感影响着法律的执行与实施。阅读《乡土中国》可以加深对自身行为的了解和认识,并可以从中获取情感认同和共鸣。

又如费孝通先生笔下的乡土社会是一个熟人社会,人们聚村而居,人与人相互熟悉,因熟悉而相互信任。但随着城镇化的发展,人员流动大,乡土社会逐渐由一个熟人社会转向为一个由陌生人组成的社会,这种转变打破了熟人社会的秩序。在陌生人组成的社会里,人与人之间依靠的则是契约和法律。阅

乡土中国
在乡土中读懂中国

读《乡土中国》能够促使我们思考如何让传统社会中的这种熟悉和信任与现代社会中的契约与法律完美结合，让它们共同在城镇化发展的过程中发挥作用。

答案

示例1：我们阅读《乡土中国》的理由有二。首先，《乡土中国》介绍了中国乡村社会的基本特征，其中很多特征并不会随城镇化而消退。如"离不开泥土"是中国人民不变的乡土气息，"差序格局""家族社群"在今天仍有影响。其次，在城镇化发展的今天，阅读《乡土中国》可以加深对自身行为的了解和认识，并可以从中获取情感认同和共鸣。

示例2：我们阅读《乡土中国》的理由有二。首先，《乡土中国》中熟人社会、邻里互助等例证给我们城镇化社区建设提供了启示，有助于社会和谐，人与人关系和睦。其次，《乡土中国》中安土重迁、乡土性等理念有助于我们理解根植于中国人内心的乡土情结，思考在城镇化进程中如何增强民族认同感。

8.2022年—2023年北京市高二上阶段练习

阅读《乡土中国》（节选），完成下题。

我说过我们要发展记忆，那是因为我们生活中有此需要。没有文化的动物中，能以本能来应付生活，就不必有记

忆。……

在一个乡土社会中生活的人所需记忆的范围和生活在现代都市的人是不同的。乡土社会是一个生活很安定的社会。我已说过，向泥土讨生活的人是不能老是移动的。在一个地方出生的就在这地方生长下去，一直到死。极端的乡土社会是老子所理想的社会，"鸡犬相闻，老死不相往来"。不但个人不常抛井离乡，而且每个人住的地方常是他的父母之邦。"生于斯，死于斯"的结果必是世代的黏着。这种极端的乡土社会固然不常实现，但是我们的确有历世不移的企图，不然为什么死在外边的人，一定要把棺材运回故乡，葬在祖茔上呢？一生取给于这块泥土，死了，骨肉还得回入这块泥土。

历世不移的结果，人不但在熟人中长大，而且还在熟悉的地方上生长大。熟悉的地方可以包括极长时间的人和土的混合。祖先们在这地方混熟了，他们的经验也必然就是子孙们所会得到的经验。时间的悠久是从谱系上说的，从每个人可能得到的经验说，却是同一方式的反复重演。同一戏台上演着同一的戏，这个班子里演员所需要记得的，也只有一套戏文。他们个别的经验，就等于世代的经验。经验无需不断累积，只需老是保存。

（取材于《乡土中国·再论文字下乡》）

选文第二、三段中,作者阐释了乡土社会的哪些特点?请根据选文概括。

答题思路

本题考查学生对经典名著基本内容、主要观点的整体把握能力。

由"乡土社会是一个生活很安定的社会。……这种极端的乡土社会固然不常实现,但是我们的确有历世不移的企图,不然为什么死在外边的人,一定要把棺材运回故乡,葬在祖茔上呢?一生取给于这块泥土,死了,骨肉还得回入这块泥土"可知,乡土社会是生活安定、历世不移的社会。

由"祖先们在这地方混熟了,他们的经验也必然就是子孙们所会得到的经验。时间的悠久是从谱系上说的,从每个人可能得到的经验说,却是同一方式的反复重演。同一戏台上演着同一的戏,这个班子里演员所需要记得的,也只有一套戏文。他们个别的经验,就等于世代的经验。经验无需不断累积,只需老是保存"可知,乡土社会中个别的经验就是世代的经验,经验无需不断累积,只需老是保存。

答案

(1)乡土社会是生活安定、历世不移的社会。(2)乡土社会中个别的经验就是世代的经验,经验无需不断累积,只需老

是保存。

9.2022年北京市高中学业考试试题

阅读《乡土中国》(节选),完成下面小题。

在定型生活中长大的有着深入生理基础的习惯帮着我们"日出而起,日入而息"的工作节奏。记忆都是多余的。"不知老之将至"就是描写"忘时"的生活。秦亡汉兴,没有关系。乡土社会中不怕忘,而且忘得舒服。只有在轶出于生活常轨的事,当我怕忘记时,方在指头上打一个结。

指头上的结是文字的原始方式,目的就是用外在的象征,利用联想作用,帮助人的记忆。在一个常常变动的环境中,我们感觉到自己记忆力不够时,方需要这些外在的象征。……

在一个每代的生活等于开映同一影片的社会中,历史也是多余的,有的只是"传奇"。……

在这种社会里,语言是足够传递世代间的经验了。……

这样说,中国如果是乡土社会,怎么会有文字的呢?我的回答是中国社会从基层上看去是乡土性,中国的文字并不是在基层上发生。最早的文字就是庙堂性的,一直到目前还不是我们乡下人的东西。我们的文字另有它发生的背景,我在本文所需要指出的是在这基层上,有语言而无文字。不论在空间和时间的格局上,这种乡土社会,在面对面的亲密接触中,在反复地在同一生活定型中生活的人们,并不是愚到字都不认得,而是没有用字来帮助他们在社会中生活的需要。

(取材于《乡土中国·再论文字下乡》)

请简要概括选文的主要观点。

答题思路

该题考查学生概括主要观点的能力。

选文的结构是分总,第一至四段分说,第五段总说。第一段的大意是对于在定型生活环境里的人们而言,记忆是多余的;第二段主要写处于不定型生活环境里的人们,需要外在象征帮助记忆,而在定型的乡土社会中,人们不需要外在象征;第三、四段主要写乡土社会是定型的;第五段讲的是"不论在空间和时间的格局上,这种乡土社会,在面对面的亲密接触中,在反复地在同一生活定型中生活的人们,并不是愚到字都不认得,而是没有用字来帮助他们在社会中生活的需要",因此可将这几段文字概括为定型的乡土社会不需要文字。完整引文请见原著。

答案

定型的乡土社会不需要文字。